Führen im Zeitalter neuer Arbeitswelten

AF145457

Sandra Gauer

Führen im Zeitalter neuer Arbeitswelten

Potenziale realisieren und Erfolgsfaktoren umsetzen

 Springer

Sandra Gauer
Gauer Consulting
Bern, Schweiz

ISBN 978-3-662-68537-2   ISBN 978-3-662-68538-9   (eBook)
https://doi.org/10.1007/978-3-662-68538-9

Die Deutsche Nationalbibliothek verzeichnet diese Publikation in der Deutschen Nationalbibliografie;
detaillierte bibliografische Daten sind im Internet über https://portal.dnb.de abrufbar.

© Der/die Herausgeber bzw. der/die Autor(en), exklusiv lizenziert an Springer-Verlag GmbH, DE, ein
Teil von Springer Nature 2024
Das Werk einschließlich aller seiner Teile ist urheberrechtlich geschützt. Jede Verwertung, die nicht ausdrücklich vom Urheberrechtsgesetz zugelassen ist, bedarf der vorherigen Zustimmung des Verlags. Das
gilt insbesondere für Vervielfältigungen, Bearbeitungen, Übersetzungen, Mikroverfilmungen und die
Einspeicherung und Verarbeitung in elektronischen Systemen.
Die Wiedergabe von allgemein beschreibenden Bezeichnungen, Marken, Unternehmensnamen etc. in
diesem Werk bedeutet nicht, dass diese frei durch jedermann benutzt werden dürfen. Die Berechtigung
zur Benutzung unterliegt, auch ohne gesonderten Hinweis hierzu, den Regeln des Markenrechts. Die
Rechte des jeweiligen Zeicheninhabers sind zu beachten.
Der Verlag, die Autoren und die Herausgeber gehen davon aus, dass die Angaben und Informationen in
diesem Werk zum Zeitpunkt der Veröffentlichung vollständig und korrekt sind. Weder der Verlag noch
die Autoren oder die Herausgeber übernehmen, ausdrücklich oder implizit, Gewähr für den Inhalt des
Werkes, etwaige Fehler oder Äußerungen. Der Verlag bleibt im Hinblick auf geografische Zuordnungen
und Gebietsbezeichnungen in veröffentlichten Karten und Institutionsadressen neutral.

Planung/Lektorat: Marion Krämer
Springer ist ein Imprint der eingetragenen Gesellschaft Springer-Verlag GmbH, DE und ist ein Teil von
Springer Nature.
Die Anschrift der Gesellschaft ist: Heidelberger Platz 3, 14197 Berlin, Germany

Wenn Sie dieses Produkt entsorgen, geben Sie das Papier bitte zum Recycling.

Inhaltsverzeichnis

Abbildungsverzeichnis

Tabellenverzeichnis

Führung und Neue Arbeitswelten

Inhaltsverzeichnis

© Der/die Autor(en), exklusiv lizenziert an Springer-Verlag GmbH, DE, ein Teil von Springer Nature 2024
S. Gauer, *Führen im Zeitalter neuer Arbeitswelten*, https://doi.org/10.1007/978-3-662-68538-9_1

1

1.1 Ein vielschichtiges Themen- und Mienenfeld

Wie viel haben neue Arbeitswelten mit Führung zu tun?

Rückblickend auf 17 Jahre Beratungserfahrung in diesem Themenfeld gibt es für mich nur eine Antwort: Alles!

Die Führungskräfte aller Hierarchieebenen sind die Hauptakteure in diesem spannenden Film über Macht, Emotionen, Ansehen, Kultur, Leistung und der Sinnfrage. Neue Arbeitswelten sind so cross-disziplinär und emotional aufgeladen wie kaum ein anderer Veränderungsprozess.

Das ist wohl auch der Grund, warum sich Unternehmen so gerne hinter modernen Design- und Raumkonzepten verstecken. Verstehen Sie mich nicht falsch, gut designte und durchdachte Raumlayouts sind wichtig und richtig, aber sie sind die letzte Kür, die Spitze des Eisbergs, das Sahnehäubchen, die Früchte, die man erntet, wenn man hart dafür gearbeitet hat.

Es geht um uns selbst – „reduced to the max". Beinhart um uns, um die Auseinandersetzung damit, wie wir arbeiten wollen, müssen, und welchen Part wir dabei spielen. Gerade der Führungskraft kommt hier eine besondere Rolle zu, denn sie muss sich selbst wahrnehmen, selbstbewusst sein und gleichzeitig die Mitarbeitenden in diese neue Welt hineinführen und dort auch am besten erfolgreich weitermachen.

1.2 Transformationale Führung in neuen Arbeitswelten

Ich werde immer wieder gefragt, welcher Führungsstil für neue Arbeitswelten und New Work am besten geeignet ist. Grundsätzlich halte ich es für enorm wichtig, seinen eigenen Stil zu finden und so einen individuellen Mix zusammenzustellen. Letztendlich ist Führung die Summe aus Erfahrungen, Einstellung und Persönlichkeit.

Man muss sich zuerst fragen, worum es in neuen Arbeitswelten eigentlich geht und welchen Prozess sie durchlaufen. Der Erfolg einer Workplace-Change-Initiative hängt unter anderem vom Engagement und dem Verständnis der Mitarbeitenden ab (Peus et al., 2009). Noch unklar ist jedoch, welcher Führungsstil dafür am besten geeignet ist. In den letzten Jahren hat sich ein Führungsstil herauskristallisiert, der dies vielleicht leisten kann. Es ist die transformationale Führung.

Transformational heißt dieser Führungsstil, weil er das Verhalten von Mitarbeitenden verändern kann. Die Erfahrung, die ich gemacht habe und immer noch mache, ist eher die, dass man glaubt, die Veränderung käme dadurch zustande, dass Führungsleitlinien, Visions- und Missionsstatements und bunte Broschüren verteilt, Workshops veranstaltet werden und ein schönes Raumdesign für viel Geld bezahlt wird. Und dann wundern sich alle, dass zwar eine Veränderung geschieht, aber meistens in Form von mehr Abwesenheiten, weniger Produktivität und mehr Unzufriedenheit. Hinzu kommt, dass Unternehmen auch oft gar nicht authentisch sind, in dem was sie sagen und wie sie handeln.

Ich spreche immer von der Vorbildfunktion der Führungskräfte als Schlüssel zum Erfolg, einer der großen Erfolgsfaktoren. Die Vorbildfunktion hat einen großen Einfluss auf das Commitment und die Leistung von Mitarbeitenden sowie darauf, ob sie neue Arbeitswelten effizient und fördernd für sie und das Unternehmen nutzen (Abrell-Vogel & Rowold, 2014; Wang et al., 2011).

Und das führt mich zu Basisverhaltensmustern. Ich erkläre dies am besten an einem Beispiel: Wenn ich in einem Meeting mit Führungskräften sitze und wir über die Vorbildfunktion für die Einführung, Begleitung und Nutzung von neuen Arbeitswelten sprechen, dann bestätigt man mir meistens, was ich sage, und will mir versichern, dass man auf alle Fälle dahintersteht und mit Vorbild und Engagement vorangeht. Doch wenn ich den Menschen dann in die Augen schaue, merke ich, dass viele nicht meinen, was sie sagen. Woran merke ich das? Wir Psychologen sprechen hierbei von sogenannten „ehrlichen Signalen", das sind Gestik, Mimik und Verhalten. Forscher gehen davon aus, dass die erste gesprochene Sprache vor 500.000 Jahren begann und sich dann stetig weiterentwickelte (Dediu & Levinson, 2013). Davor haben wir mit ehrlichen Signalen kommuniziert, die unverwechselbar und eindeutig waren und auch sein mussten, um zu überleben. Jetzt ist es aber so, dass wir zwar die gesprochene Sprache vollständig entwickelt und sogar perfektioniert haben, aber unsere nonverbalen Signale teilweise immer noch die gleichen sind. Und sie verraten uns, denn sie stehen oft im Widerspruch zu dem, was wir verbal sagen.

Wenn Führungskräfte versuchen etwas darzustellen, wovon sie gar nicht überzeugt sind, zu wenig Wissen darüber haben, sich zu wenig Gedanken darüber gemacht haben oder damit einfach nichts anfangen können, werden sie es auf nonverbale Weise ihren Mitarbeitenden vermitteln – ob sie das nun wollen oder nicht. Somit ist die Thematik der Vorbildfunktion ein sehr heikles Thema, denn es funktioniert nur mit dem Prädikat „echt".

So kommt die Frage auf: Was müssen Führungskräfte tun, damit ihre Mitarbeitenden gerne Neues lernen, ihre Leistung verbessern, bereitwillig Verantwortung übernehmen, Selbstdisziplin zeigen, unternehmerisch handeln und Teamgeist praktizieren?

Die Antworten dazu liefert teilweise das Konzept der transformationalen Führung (◖ Abb. 1.1). Dies soll aber mehr als Richtlinie und Ideengeber dienen, denn es funktioniert nur mit Authentizität, Wissen und Erfahrung. Dabei müssen wir aufpassen, dass wir das Konzept nicht 1:1 übernehmen, sondern die entsprechenden Elemente adaptieren, sodass es für die jeweilige Person beziehungsweise Personen passend ist.

So, nun aber tauchen wir in dieses Konzept ein und schauen die Möglichkeiten an, die es uns bietet.

1

□ **Abb. 1.1**   Konzept der Transformationalen Führung. Das Konzept zeigt auf, wie Führungskräfte handeln müssen, um zu bewirken, dass Mitarbeitende loyal sind, gerne Neues lernen, Teamgeist praktizieren, Selbstdisziplin zeigen, Verantwortung übernehmen und ihre Leistung verbessern (adaptiert nach Institut für Management-Innovation (Pelz), S. 95)

■ **Konzept der Transformationalen Führung[1]**

Das Institut für Management-Innovation hat rund 300 Interviews mit mittelständischen Weltmarktführern geführt und zusätzlich etwa 30.000 Fach- und Führungskräfte online befragt, um herauszufinden, was Führungskräfte bei der transformationalen Führung anders machen als ihre Kollegen (Pelz, 2022).

Das Ergebnis zeigt, was transformationale Führungskräfte von ihren Kollegen unterscheidet. Diesbezüglich möchte ich gerne einige Punkte näher beleuchten:

1) Sie schaffen Vertrauen, weil ihre persönlichen Ziele, Werte und Überzeugungen authentisch und glaubwürdig sind. So sind sie in der Lage die vorhin beschriebenen ehrlichen Signale umzusetzen.

2) Sie stellen die gemeinsame Aufgabe über ihre persönlichen Interessen, da es als Führungskraft darum geht, Ziele mit dem Team zu erreichen und diese erfolgreich umzusetzen.

3) Diese Führungskräfte nutzen ihren Einfluss dazu, die Vision, mit der sich alle identifizieren, in messbare Resultate umzusetzen (Pelz, 2022).

---

1   Pelz, W. Transformationale Führung – Forschungsstand und Umsetzung in der Praxis. In: von Au, C. (Hrsg.) Wirksame und nachhaltige Führungsansätze. Leadership und Angewandte Psychologie. Springer, Wiesbaden. 2016:93–112.

Damit schaffen sie Erfolgserlebnisse, stärken den Teamgeist und fördern das persönliche Wachstum. Ihre Arbeit hat für sie selbst und ihre Mitarbeitenden einen klar erkennbaren, langfristigen Sinn (Pelz, 2022).

Der renommierte Forscher Dr. Theo Wehner von der ETH Zürich hat klar den Zusammenhang der Sinnfrage mit der Arbeitsleistung hergestellt. Er meint, dass der Mensch einen Sinn hinter seinem Tun erkennen muss, um seine Leistung abzurufen. In einem Gespräch mit mir meinte er: „Sinn in der Arbeit zu finden, ist nicht immer einfach. Dinge oder Tätigkeiten sind nicht sinnvoll oder sinnlos, sondern wir sind es, die den Sinn verleihen."

Anspruch ist, den Sinn zu erkennen. Das ist auch das Spannende an ehrenamtlicher Arbeit. Die Menschen machen es, weil sie einen tieferen Sinn dahinter sehen, sonst würden sie ihre Zeit nicht dafür investieren. Und das ist genau der springende Punkt. Es geht nicht darum, jemanden mit monetären Anreize zufriedenzustellen, sondern es geht darum, den Sinn zu finden in dem, was man tut (Moran & Brightman, 2000). Und das ist vor allem die Aufgabe des Menschen selbst. Die Organisation, das Unternehmen, kann das nur bis zu einem gewissen Grad leisten.

Führungskräfte müssen – und ich sage sogar dürfen – auf diese Sinnfindungsreise gehen. Um überhaupt die Chance zu haben, andere zu begleiten, zu bewegen oder sogar zu begeistern, muss man sich selbst der Sinnfrage stellen und dabei gibt es keinen Stellvertreter, der diese Frage für einen beantworten kann.

Folglich könnte man sich in diesem Zusammenhang fragen: Muss die Arbeit Sinn stiften oder ist das ein Luxusproblem unserer Zeit? Um diese Frage zu beantworten, ist es wichtig, zwischen Sinn finden und Spaß haben zu unterscheiden. Die Arbeit muss nicht zwingend Spaß machen, aber ich muss einen Sinn dahinter sehen, um mein volles Potenzial ausschöpfen zu können. Das wird immer wieder in einen Topf gemischt und auch Mitarbeitendenbefragungen stellen oft die Frage: „Macht Ihnen das, was sie tun, Spaß?". Und um das geht es in diesem Fall nicht.

Ein weiterer Aspekt ist die Zufriedenheit mit der Arbeit. Sehr oft wird Zufriedenheit auch mit guter Leistung kombiniert. Ich höre regelmäßig von meinen Kunden, von den Planern und Architekten und auch von den Führungskräften: „Wenn die Mitarbeitenden zufrieden sind (mit dem Layout, den Möbeln, den Prozessen, den Kollegen, etc.) dann erbringen sie gute Leistung."

Dem ist aber nicht so, denn ein Mitarbeitender kann selig und zufrieden sein und trotzdem eine schlechte Leistung erbringen. Dies zeigen auch Untersuchungen, die jeweils uneinheitliche Zusammenhänge zwischen diesen Variablen aufdecken (Ahmad et al., 2010; Judge et al., 2001).

Die Arbeitspsychologie hat sich zufrieden gegeben mit der Erforschung der allgemeinen Zufriedenheit. Es gibt kein arbeitspsychologisches Buch, in dem das nicht auf vielen Seiten abgehandelt wird, es gibt viele Messinstrumente, die sich damit beschäftigt haben. Aber das ist nur die eine Seite. Arbeitszufriedenheit ist bescheidener – und auch die Bedingungen für hohe Arbeitszufriedenheit fallen bescheidener aus, als sie in der Sinnerlebensforschung definiert werden.

Es ist zudem auffällig, dass wir in den Lehrbüchern der Arbeits- und Organisationspsychologie unter dem Stichwort „Sinn" relativ wenige Einträge haben. Falls doch, dann beziehen sie sich auf die Sinnhaftigkeit der Aufgabe. Dort wird dies wie folgt gesehen: In der Aufgabe muss die Möglichkeit gegeben sein,

1

Sinn zu generieren. Und da stellt sich klar die Frage: Haftet der Sinn den Dingen an? Ich denke, der Sinn ist nicht etwas, das angeheftet oder beigeheftet ist, sondern Sinn ist etwas, das persönlich generiert wird, wie ich es bereits im vorangehenden Abschnitt beschrieben habe.

Nun stellt sich die Frage: Können neue Arbeitswelten helfen, das Sinnerleben zu erhöhen?

Und können Führungskräfte dabei unterstützend wirken?

Wie bereits erwähnt, muss man sich der Sinnfrage zuerst selbst stellen. Es gibt keinen Stellvertreter, den man dafür nominieren kann und es ist auch nicht möglich diese Aufgabe an jemand anderen zu delegieren.

Wir können aber Bedingungen in neuen Arbeitswelten schaffen, die für den Einzelnen sinnstiftend sind. Als Führungskraft hat man hier enorme Hebel, die man nutzen kann. Aber man darf dabei trotzdem nicht vergessen, dass Sinn etwas sehr Persönliches ist.

Ganzheitlichkeit, Anforderungsvielfalt der Räume oder Workplace-Design singulär betrachtet, sind es nicht, die Sinnerleben garantieren. Und hier liegen die großen Stolpersteine. Es muss eine sehr diffizile Mischung sein, die sinnstiftende Arbeitswelten generiert.

Der österreichische Neurologe Viktor Frankl war einer der ersten, der darauf hingewiesen hat, wie wichtig der Sinn der zu verarbeitenden Erfahrung ist (Frankl, 1975). Das heißt, dass Arbeitsplätze einer Person Erfahrungen anbieten und die Person diese verarbeiten muss, um daraus tatsächlich auch persönlichen Sinn generieren zu können. Es kann durchaus sein, dass eine Arbeitsaufgabe nicht ganzheitlich ist oder man selbst nur einen kleinen Teil davon macht, aber einsieht, dass dieser Part innerhalb der Arbeitsteilung sinnvoll, nützlich und brauchbar ist und dass man durch die Verarbeitung dieser persönlichen Erfahrung ebenfalls Sinn generieren kann.

Die Sinnfrage ist das eine. Wichtig ist aber, dass, wenn man den Sinn hinter dem, was man macht, selbst einsieht und voll und ganz dahintersteht, man dies auch nachhaltig kommunizieren können sollte. Da stellt sich die Frage, was denn nun nachhaltige Eigenschaften wären.

„Vorbild sein", „glaubwürdig sein", „vertrauensvoll sein" und „respektvoller Umgang" werden in der Theorie und Praxis sehr häufig verwendet (Dirks & Ferrin, 2002). Oft ist es jedoch so, dass es nicht klar ist, was damit gemeint ist. Zudem werden sie aus meiner Sicht zu leichtfertig benutzt. Die Formel ist eigentlich ganz simpel: Führungskräfte wollen es sein und Mitarbeitende wollen es haben. In der Praxis ist es jedoch so, dass oft und gerne vergessen wird, dass beide Seiten dafür eine gewisse Verantwortung übernehmen müssen. Es ist von großer Wichtigkeit, gemeinsam als Team die Stärken des anderen zu fördern und die Schwächen zu unterstützen und manchmal auch einfach zu akzeptieren, wie jemand oder etwas ist. Das ist ein sehr brisantes Thema unserer Zeit, mit dem wir zu kämpfen haben. Wir reden zwar alle von Akzeptanz und Verantwortung und Wir-Gefühl, jedoch stelle ich sehr oft fest, dass es bei der eigenen Person dann auch schon wieder aufhört. Und hier gilt es anzusetzen: von einer Ich-Position in eine Wir-Position zu kommen, ohne sich selbst darin zu verlieren.

Führung braucht die „gemeinsame Sache" und nicht eine Einzelaktion. Es geht darum, dass beide Seiten das Potenzial erkennen, um wirklich nachhaltig Vorbild zu sein, Glaubwürdigkeit zu leben, Vertrauen zu haben und respektvoll miteinander umzugehen.

Das Konzept der transformationalen Führung hat hier versucht seinen Beitrag leisten.

Das Institut für Management-Innovation hat die oben genannten Begriffe im Zusammenhang mit der transformationalen Führung mit einer Stichprobe von rund 30.000 Teilnehmenden operationalisiert und dieses Konzept validiert. Daraus resultierte das Gießener Inventar der Transformationalen Führung (Pelz, 2022). Es folgt einem Prinzip, welches oft Peter Drucker zugeschrieben wird: „You can't manage what you don't measure", Peter Drucker.

Das gilt auch für die neuen Arbeitswelten, beziehungsweise gerade hier geht es darum, kurz-, mittel- und langfristig erfolgreich zu sein und die neue Arbeitswelt für sich sinnvoll zu nutzen, um effizient zu arbeiten, sich dabei wohlzufühlen, gesund zu sein und – das ist das Wichtigste – vor allem auch zu bleiben.

Mit diesem oben genannten Test wurde ein Instrument geschaffen, mithilfe dessen ein Stärken- und Schwächenprofil der transformationalen Führungskompetenzen erstellt werden kann, um daraus gezielte Entwicklungsmaßnahmen abzuleiten. Wichtig dabei ist eine Analysephase, um zu wissen, was die Ist-Situation ist und abzuleiten wo die Reise hingehen soll.

Da es in meinem Buch und in meiner Tätigkeit um neue Arbeitswelten geht, müssen wir uns die transformationale Führung natürlich auch unter diesem Gesichtspunkt anschauen.

- **Mit transformationaler Führung in neue Arbeitswelten**

Ich habe mir nun erlaubt das Modell der transformationalen Führung zu nehmen und so umzubauen, dass es für neue Arbeitswelten Initiativen funktionieren kann (◻ Abb. 1.2). Denn für die Aufbereitung von neuen Arbeitssettings braucht es noch einen vertieferen Blick in die Handlungsempfehlungen.

Grundvoraussetzung dafür ist, dass jeder seine Komfortzone verlässt. Denn Workplace-Change-Vorhaben sind tiefgreifend und emotional. Sie unterscheiden sich maßgeblich von anderen Change-Initiativen.

Anhand der Grafik wird deutlich, wie vielschichtig der transformationale Führungsstil in neuen Arbeitswelten ist. Ich beginne jetzt auf der Mitarbeitendenebene, also bei dem, was man als Führungskraft erreichen möchte. Auch hier möchte ich erneut betonen, dass es ein Miteinander sein muss, auf dem alle Verhaltensweisen aufbauen.

Bevor ich tiefer in die einzelnen Elemente der transformationalen Führung in neuen Arbeitswelten eingehe, möchte ich noch einen kurzen Ausflug zum „Base Camp" von Workplace-Initiativen machen.

1

◨ **Abb. 1.2** Modell der Transformationalen Führung in neuen Arbeitswelten. Das Modell zeigt auf, welche Kompetenzen und Verhaltensweisen Mitarbeitende entwickeln müssen, um in neuen Arbeitswelten effizient arbeiten zu können und wie Führungskräfte handeln müssen, um diese zu fördern (adaptiert nach Institut für Management-Innovation (Pelz), S. 95)

◨ **Abb. 1.3** Kernmerkmale der Führung in neuen Arbeitswelten (Gauer Consulting). (Quelle: Eigene Darstellung)

▪ **Welches sind die Kernelemente, die Führungskräfte berücksichtigen sollten (◨ Abb. 1.3)?**

Sie sind deshalb so wichtig, weil sie die Basis für alle weiteren Versuche bilden, den Gipfel der neuen Arbeitswelten zu erklimmen, ohne dabei an Sauerstoffmangel zugrunde zu gehen. Denn glauben Sie mir, auch Workplace-Change-Initiativen können eine Grenzerfahrung sein.

Das A und O für Führungskräfte aller Hierarchiestufen ist, dass die Workplace-Initiative auf das jeweilige Unternehmen mit seiner Kultur, Identität und Ausrichtung abgestimmt ist (Branson, 2008; Burnes & Jackson, 2011)

Eine erfolgreiche, authentische und glaubwürdige Führung in neue Arbeitswelten und in den neuen Arbeitswelten selbst kann nur dann funktionieren, wenn die Vorgesetzten auch wirklich hinter dieser Initiative stehen und aktiv, zielgerecht, zeitgerecht und in der richtigen Detailtiefe miteinbezogen werden. Dies verdeutlicht auch eine Studie von Kee und Newcomer (2008), in der sie die Wichtigkeit des korrekten Einbezugs von betroffenen Stakeholdern betonen (Kee & Newcomer, 2008).

Wenn dieser optimale Einbezug nicht gelingt, sind wir im Dilemma der ehrlichen Signale, welches ich im ▶ Abschn. 3.4 Das Eisbergmodell von Gauer näher beschreibe.

Die besten Konzepte nützen nichts, wenn Arbeitsmethoden und Arbeitsmodelle nicht kritisch hinterfragt und sie so adaptiert werden, dass sie auch gut und sinnvoll in die neue Arbeitswelt integriert werden können.

Aktives Zuhören und ständige Weiterentwicklung sind wichtige Elemente, denn ich betone immer wieder, wie wichtig es ist, nicht zu glauben, dass mit dem Einzug in die neue Arbeitswelt das Projekt abgeschlossen ist. Ganz im Gegenteil, der Workplace-Change fängt dann erst richtig an, und deshalb ist es wichtig, sich hineinzuentwickeln. Um das zu schaffen, muss man zuhören und sich einbringen.

Und dann geht es darum, den Freiraum zu geben, sich weiterzuentwickeln und den Mitarbeitenden den gleichen Prozess zuzugestehen.

■ **Verhaltensweisen der Mitarbeitenden (◘ Abb. 1.2)**
Mut haben, Neues auszuprobieren

Menschen haben immer ein ungutes Gefühl, wenn Sie Bekanntes verlassen müssen. Denn es heißt, sich auf ein neues Umfeld und eine neue (Arbeits-)Welt einzulassen. Das verunsichert und nimmt Stabilität weg (Bordia et al., 2004; DiFonzo & Bordia, 1998).

Gerade in Zeiten wie wir sie momentan erleben, greifen wir noch mehr nach Bekanntem und Vertrautem.

Neues lernen

Um in neuen Arbeitswelten tatsächlich gut arbeiten zu können und alle neuen Möglichkeiten, die ein neues Konzept bietet, auch nutzen zu können, ist es unglaublich wichtig zu lernen, wie man damit umgeht. Denn neue Arbeitswelten verändern bisherige Philosophien zum Teil grundlegend und tiefgreifend. Da ist es wichtig, so früh wie möglich mit dabei zu sein und so vom Early-Adopter-Bonus zu profitieren.

Teamgeist stärken

Wenn Arbeitswelten transparenter werden, dann geben sie viel mehr Einblick in alle Prozesse, Befindlichkeiten und auch Kommunikationsstile. Um für neue Arbeits- und Officeformen gewappnet zu sein, ist es wichtig, dass ein Team sich gegenseitig stärkt und unterstützt. Denn die Teammitglieder können nach der Idee des Job-Demands-Resources-Modell eine soziale Ressource darstellen, die die während eines Veränderungsprozesses resultierende Unsicherheit und allenfalls belastende Veränderungsdynamik abpuffern kann (Schaufeli & Bakker, 2004). Eine neue Wir-Form entsteht, da der Einzelne transparenter wird. Diesen Prozess darf man weder als Mitarbeitender noch als Führungskraft unterschätzen. Auf das Job-Demands-Resources-Modell wird in ▶ Abschn. 4.7 näher eingegangen.

1

New Work praktizieren

Dazu ist es zuerst einmal wichtig zu wissen, was New Work eigentlich ist. Es ist zwar in aller Munde, aber so genau kann man doch nicht sagen, was damit gemeint ist. Das Zukunftsinstitut beschreibt den Megatrend New Work als eine grundlegend veränderte Auffassung von Arbeit und unter dem Einfluss von modernen Welten und der schnell voranschreitenden Digitalisierung. Dabei verschwimmt im Alltag die Abgrenzung von Leben und Arbeit in produktiver Art und Weise. Zukünftig werden unter dem Begriff Arbeit alle bezahlten und nicht bezahlten Tätigkeiten in unterschiedlichen Phasen des Lebens verstanden (Block et al., 2022).

Nun, da wird vielen ja schon schwindlig, wenn sie das lesen. Deswegen ist es wichtig, sich sein New Work, seine neue Arbeitswelt selbst zu definieren – im Unternehmen, in der Führungsetage und in den Teams. Eigentlich eine wunderbare Chance, wenngleich auch eine Herausforderung.

Verantwortung übernehmen

Dieses Thema gibt es schon lange, aber aufgrund der vielen gescheiterten Versuche und langwierigen Bemühungen bin ich zum Schluss gekommen, dass es nun wirklich nicht ganz so einfach ist. Wo fängt die Verantwortung an und wo hört sie auf? Wer sagt mir, wie viel Verantwortung ich übernehmen darf? Wer hilft mir, diese Verantwortung zu stemmen? Das sind grundlegende Fragen und allesamt haben Führungshilfeanspruch.

Effizient arbeiten können

Das ist ja schon fast die Effizienz aus allen Verhaltensweisen. Und doch scheitert es immer wieder daran, dass die Mitarbeitenden und auch die Führungskräfte eigentlich viel zu wenig darüber wissen, wie man in neuen Arbeitswelten effizient arbeitet oder führt. Es ist kein Selbstläufer und geht eben nicht mal so nebenbei. Oder wie ich regelmäßig höre: „Es ist ja nur ein Umzug und dann haben wir eine schöne möblierte Arbeitswelt!".

Es ist eben weit mehr als ein Umzug, es ist eine völlig neue Arbeitswelt mit anderen Prämissen und anderen Verhaltensweisen. Eigentlich eine tolle Chance, aber auch die muss man sich erarbeiten.

■ **Verhaltensweisen der Führungskräfte (◨ Abb. 1.2)**

Die Führungskräfte haben noch einen weiteren inneren Teil im transformationalen Führungskonzept.

Vorbild sein & Vertrauen entwickeln

Wie bereits erwähnt, ist die Authentizität das wichtigste Gut von Menschen, denn sie ermöglicht es, in der eigenen Mitte zu bleiben und ehrlich zu kommunizieren. Auch hier verweise ich auf die Passage weiter hinten im Buch, wo es um ehrliche Signale geht. Vertrauen ist ein sehr sensibler Prozess und manchmal braucht es nicht viel und man verliert es wieder. Nicht zu vergessen: das Vertrauen in sich selbst. Gerade bei Führungskräften nehme ich das oft wahr, dass sie in Rollen und Funktionen gepusht werden, die sie nicht übernehmen können oder wollen. Das macht sich gerade bei Workplace-Change-Projekten sehr bemerkbar, da es ohnehin schon ein emotionaler Veränderungsprozess ist.

Auch hier ist es wichtig zu wissen, wer man ist, woher man kommt und wo man hinmöchte. Das sind sehr persönliche Fragen, die man oft nur für sich selbst beantworten kann. Dabei spielt die Antwort selbst gar keine Rolle, sondern vielmehr, dass sie aus tiefer Überzeugung kommt.

Sinnvoll kommunizieren

Das ist ein Thema, mit dem ich immer wieder konfrontiert werde und bei dem ich eigentlich bis heute nicht verstehe, welche grundlegenden Fehler in der Kommunikation gemacht werden – und zwar vom Laien (Führungskraft) bis hin zum Profi (Kommunikationsabteilung). Das ist manchmal schwierig mitanzusehen. In der Kommunikation ist es enorm wichtig zur richtigen Zeit, die richtige Zielgruppe in der richtigen Detailtiefe zu informieren beziehungsweise mit der Zielgruppe richtig zu kommunizieren. Eigentlich simpel und einfach, aber es scheint in doch recht vielen Fällen einfach nicht umsetzbar zu sein, wobei die Personengruppen selbst das Gefühl haben, dass sie absolut richtig und gut kommunizieren und sich dann wundern, warum die Gerüchteküche oder der bekannte Flurfunk mit unterschiedlichen Informationen förmlich überquillen. So argumentieren auch Goodman und Truss (2004), dass bei der Implementierung von Change-Initiativen unter anderem der Prozess, der Inhalt, das Timing, das Medium und die Zielgruppe bei der Kommunikation von entscheidender Bedeutung sind.

Zusammenarbeit fördern und Bedürfnisse verstehen

Oh ja, das ist der nächste große Stolperstein, auf den es zu achten gilt. Denn das mit den Bedürfnissen ist immer so eine spannende Sache. Ich sage immer, wir Menschen haben nicht umsonst zwei Ohren und einen Mund bekommen. Damit wir gut zuhören können und am besten sogar noch mehr zuhören als sagen. Aber leider ist es oft andersrum, dass wir sehr viel sagen und zu wenig zuhören. Das kann gerade bei neuen Arbeitswelten sehr schnell zu einem recht großen Problem werden.

Denn auf einmal fühlen sich verschiedene Gruppen nicht gehört oder vertreten. Und ich kann dies aus der Perspektive meiner Erfahrung bestätigen, dass es tatsächlich sehr oft auch so ist. Häufig gibt es Pseudo-Kommunikationsveranstaltungen oder E-Mails, einfach damit man etwas kommuniziert hat, oder vonseiten der Führungskräfte wird mal schnell nebenbei erwähnt, dass es da eine neue Initiative gibt, die die Arbeitswelten verändert, es aber eh nur ein Umzug ist. Als Führungskraft lässt man sich auch gerne dazu verleiten, den Quick-Win zu nehmen, anstatt sich mühsam den Berg hochzuarbeiten. Aber glauben Sie mir, wenn Sie es schaffen, den Berg zu erklimmen und Ihr Team mitzunehmen, die Bedürfnisse abzuholen und offen zu diskutieren, dann haben sie eine Aussicht, die vor allem im Herzen bleibt und somit emotional positiv behaftet ist, was wiederum viele wertschöpfende Impulse vermittelt.

Kompetenzen entwickeln

Neue Arbeitswelten stellen uns vor eine Vielzahl von Herausforderungen. Es geht nicht um die Frage, ob das so ist oder nicht – es ist so (siehe z. B. ▶ Abschn. 4.4). Es geht vielmehr um folgende Frage: Mit welchen Kompetenzen leiste ich meinen Beitrag, dass diese neuen Arbeitswelten tatsächlich funktionieren und nicht zu einem konzeptuellen Ladenhüter werden?

1

Dabei ist es wichtig, zunächst auch die eigenen Kompetenzen zu überprüfen und zu sehen, wo man selbst in seiner Meinung zu und Herangehensweise an neue Arbeitswelten steht. Wenn man sich dieser kurzen Selbstanalyse nicht stellt, dann wird es schwierig, die notwendigen Kompetenzen an die Mitarbeitenden zu vermitteln. Und ja, die externen Berater können da ganz viel übernehmen, aber die Basisteamführungskompetenz für die neue Arbeitswelt müssen die Führungskräfte selbst transportieren und teilweise transformieren.

Hinter den neuen Arbeitswelten stehen

Das ist eines der schwierigsten Handlungsfelder. Das hat zum einen mit der Doppelrolle der Führungskräfte in diesem Themenfeld zu tun und zum anderen damit, dass man selbst oft gar nicht so gut informiert, orientiert und integriert wird. Und da fängt das Dilemma bereits an. Wichtig ist ein aktiver Einbezug aller relevanter Zielgruppen. Auch hier gilt die Devise „weniger ist mehr", nicht nach Gießkannenprinzip alle einbeziehen, sondern gezielt die jeweiligen Gruppen auswählen (Sagie et al., 1990). Hinter den Arbeitswelten zu stehen – auch hier wieder – authentisch dahinter zu stehen, ist die Grundvoraussetzung für eine erfolgreiche Umsetzung (Peus et al., 2009).

Mitarbeitende unterstützen und ihnen helfen, offen zu sein (Peus et al., 2009)

Offen für die neue Arbeitswelt, gegenüber dem Veränderungsprozess, der damit einhergeht. Dieses Vorhaben baut auf allen zuvor beschriebenen Bereichen auf. Ich weiß, wie einfach und leicht dieser Satz klingt, und ich weiß, wie schwer er umzusetzen ist. Wichtig ist, dass Führungskräfte aktive Gestalter dieses Prozesses sind und nicht passive Konsumenten.

Und damit meine ich nicht, dass jeder gleich in operative Hektik übergehen soll. Auch im Kleinen kann man gestalten, wenn es die Situation oder die involvierten Persönlichkeiten genau so brauchen (Sagie et al., 1990).

Literatur

Abrell-Vogel, C., & Rowold, J. (2014). Leaders' commitment to change and their effectiveness in change – a multilevel investigation. *Journal of Organizational Change Management, 27*(6), 900–921.

Ahmad, H., Ahmad, K., & Shah, I. A. (2010). Relationship between job satisfaction, job performance attitude towards work and organizational commitment. *European Journal of Social Sciences, 18*(2), 257–267.

Block, J., Boeing, N., Briegleb, N., Dettling, D., Gatterer, H., Horx, T., Kibala, T., Pfurderer, N., Reichel, A., Schuldt, C., Tewes, S., & Wolf, M. (2022). Zukunftsreport 2023 (M. Horx, Hrsg.).

Bordia, P., Hunt, E., Paulsen, N., Tourish, D., & DiFonzo, N. (2004). Uncertainty during organizational change: Is it all about control? *European Journal of Work and Organizational Psychology, 13*(3), 345–365.

Branson, C. M. (2008). Achieving organisational change through values alignment. *Journal of Educational Administration, 46*(3), 376–395.

Burnes, B., & Jackson, P. (2011). Success and failure in organizational change: An exploration of the role of values. *Journal of Change Management, 11*(2), 133–162.

Dediu, D., & Levinson, S. C. (2013). On the antiquity of language: The reinterpretation of Neandertal linguistic capacities and its consequences. *Frontiers in psychology, 4*, 397.

DiFonzo, N., & Bordia, P. (1998). A tale of two corporations: Managing uncertainty during organizational change. *Human Resource Management, 37*(3–4), 295–303.

Dirks, K. T., & Ferrin, D. L. (2002). Trust in leadership: Meta-analytic findings and implications for research and practice. *Journal of Applied Psychology, 87*(4), 611–628.

Frankl, V. E. (1975). In V. E. Frankl (Hrsg.), *Der Wille zum Sinn* (4. Aufl.). Hans Huber.

Goodman, J., & Truss, C. (2004). The medium and the message: Communicating effectively during a major change initiative. *Journal of Change Management, 4*(3), 217–228.

Judge, T. A., Thoresen, C. J., Bono, J. E., & Patton, G. K. (2001). The job satisfaction – job performance relationship: A qualitative and quantitative review. *Psychological Bulletin, 127*(3), 376.

Kee, J. E., & Newcomer, K. E. (2008). Why do change efforts fail? *Public Manager, 37*(3), 5.

Moran, J. W., & Brightman, B. K. (2000). Leading organizational change. *Journal of Workplace Learning, 12*(2), 66–74.

Pelz, W. (2022). Transformationale Führung: Vorteile und Bedeutung (neue Studie). https://www.transformationale-fuehrung.com/index.html. Zugegriffen am 21.12.2023.

Peus, C., Frey, D., Gerkhardt, M., Fischer, P., & Traut-Mattausch, E. (2009). Leading and managing organizational change initiatives. management revue, 158–175.

Sagie, A., Elizur, D., & Koslowsky, M. (1990). Effect of participation in strategic and tactical decisions on acceptance of planned change. *The Journal of Social Psychology, 130*(4), 459–465.

Schaufeli, W. B., & Bakker, A. B. (2004). Job demands, job resources, and their relationship with burnout and engagement: A multi-sample study. *Journal of Organizational Behavior, 25*(3), 293–315.

Wang, G., Oh, I.-S., Courtright, S. H., & Colbert, A. E. (2011). Transformational leadership and performance across criteria and levels: A meta-analytic review of 25 years of research. *Group & Organization Management, 36*(2), 223–270.

Über Die Kunst der Introspektion

Inhaltsverzeichnis

© Der/die Autor(en), exklusiv lizenziert an Springer-Verlag GmbH, DE, ein Teil von Springer Nature 2024
S. Gauer, *Führen im Zeitalter neuer Arbeitswelten*, https://doi.org/10.1007/978-3-662-68538-9_2

2

Nelson Mandela hat in einem Brief an seine Frau Winnie Mandela am 1. Februar 1975 folgende Zeilen geschrieben:

„Schätzen wir unseren Fortschritt als Individuen ein, konzentrieren wir uns gewöhnlich auf äußere Faktoren wie soziale Stellung, Einfluss, Popularität, Wohlstand und Bildungsgrad. Natürlich sind dies wichtige Punkte, wenn es um den materiellen Fortschritt geht. Es ist nur zu verständlich, dass viele Menschen vorzugsweise nach diesen Dingen streben. Doch wenn wir unseren „Erfolg" als Menschen messen wollen, sollten wir unser Augenmerk vielleicht doch auf mehr innere Qualitäten richten. Ehrlichkeit, Aufrichtigkeit, Einfachheit, Demut, Großzügigkeit ohne Hintergedanken, fehlende Eitelkeit, die Bereitschaft, anderen zu dienen – Qualitäten wie diese, die jeder leicht entwickeln kann, sind die Grundlage unseres […] Lebens" (Mandela, 2013).

Diese Zeilen sind heute noch so wahr und aktuell, wie sie es damals waren und so wie es scheint, haben wir nur wenig dazugelernt – oder als Frage formuliert: Haben wir überhaupt etwas dazugelernt?

Dieser Gedanke treibt mich schon eine Weile um, deswegen setze ich mich sehr kritisch mit unseren Gesellschaftsformen auseinander. Sie werden sich vielleicht fragen, was unsere Gesellschaft mit neuen Arbeitswelten zu tun hat – nun, unsere Art zu leben, bestimmt unsere Art zu arbeiten und unsere Art zu denken, spiegelt sich in den Bürostrukturen wider. Das Spannende daran ist, dass es sogar sehr niederschwellig passiert. Wir drücken so viel über uns aus und verraten so viel über unsere Lebens- und Arbeitsweise, ohne dass wir es beabsichtigen. Machen wir vorher kurz einen Abstecher ins private Umfeld. Jeder kennt das Sprichwort: „Sag mir wie Du wohnst und ich sage Dir, wer Du bist."

Unsere Wohnungen oder Häuser, ob wir es wollen oder nicht, zeigen, wer wir sind, wie wir denken, und unseren gesellschaftlichen Status. Sie weisen auch darauf hin, welche Hobbies wir haben oder ob wir Kinder haben oder single sind. Sie verraten viel über unsere Persönlichkeit – sind wir eher offen oder introvertiert. Sind wir eher chaotisch oder sehr strukturiert, lieben wir Antiquare oder sind wir völlig modern orientiert. Das sind nur einige wenige plakative Beispiele.

In den eigenen vier Wänden ist der Mensch bei sich und authentisch, hier fühlt er sich geborgen und aufgehoben. Ein gutes Beispiel, wie viel uns Privatsphäre bedeutet, sieht man bei Einbrüchen. Menschen leiden weniger am Verlust ihrer Wertgegenstände, sondern viel mehr unter dem Verlust ihrer Privatsphäre. Es geht etwas Unwiederbringliches verloren: Das (vermeintlich) unerschütterliche Sicherheitsgefühl, das man nur in seinen eigenen vier Wänden kennt (Beaton et al., 2000; Brown & Harris, 1989)

Ich habe mit einigen Menschen gesprochen, die einen Einbruch erlebt haben und sie haben mir bestätigt, dass es lange dauert, sich wieder sicher und geborgen zu fühlen. Das ist völlig menschlich.

Wenn man nun an dieses Sicherheitsgefühl und an die Privatsphäre denkt und es in ein Office-Setting überträgt, dann muss man sich die Frage stellen, wie stark sich dieses Wissen auf unser Büro übertragen lässt. Mit dem Trend zu Open Space, Open Office und Transparenz mit Weitblick (im wahrsten Sinne des Wortes), kommen die Themen der Privatsphäre unweigerlich an die Oberfläche. Wie viel Privatsphäre ist in einer Büroumgebung notwendig, sodass die grundlegenden menschlichen Bedürfnisse erfüllt werden?

Dies ist ein sehr heikles Thema – weil wir ja die letzten Jahre genau das Gegenteil gemacht haben. Unternehmen und ihre Büroplaner sind immer mehr ins Konzept des Open Space hineingegangen. Grundsätzlich bin ich ja nicht gegen Open Space – aber wurde als Stilmittel eingesetzt. Seit Jahren versuche ich Kunden bei der Planung einer neuen Arbeitswelt, davon zu überzeugen, dass sie sehr genau hinschauen sollten (prägen Sie sich diesen weisen Ratschlag „Die schlimmste Weltanschauung ist dieser jener Menschen, die sich die Welt nie angeschaut haben." von Alexander von Humboldt gut ein, er wird Ihnen in diesem Buch nicht zum letzten Mal begegnen). Open Space und Multi Space sind sehr fragile Strukturen, die gezielt eingesetzt werden müssen, um ihr Potenzial wirksam zu entfalten.

Da sind wir wieder bei der strategischen Analyse- und Diagnosephase. Es ist entscheidend, wie offen, transparent und multifunktional eine Arbeitswelt sein soll. Bei dieser Frage geht es nicht um Raumstrukturen, die lassen sich leicht umsetzen, sondern darum, wie viel der Mensch an Offenheit, Transparenz und Vielfalt verträgt (Weber, 2019). Auch hier kommt den Führungskräften eine außerordentliche Rolle zu, die man aber nur einnehmen kann, wenn man auch sich selbst reflektiert.

Ich sage nicht, dass Führungskräfte nun alle selbst ernannte Architekturpsychologen sein sollen, nein gar nicht, da helfen Experten wie ich es bin. Aber die Führungskräfte geben Informationen zur Kultur, zur Zusammenarbeit, zu den Zielen und Visionen. Aber ich meine nicht die Visionen und Leitbilder, welche auf den prominent platzierten Wandbildern hängen und zur Schau getragen werden. Ich meine die, die man nicht sieht, die man nur wahrnimmt, wenn man ganz genau hinhört, hinschaut und sich hineinfühlt.

Wir verbinden so zwei Gesichtspunkte miteinander – zum einen die psychologisch-menschliche Sichtweise – die Frage dazu lautet Sichtweise. Die Frage dazu lautet: Wie funktionieren die psychologischen Prozesse im Menschen? Dies bezieht sich auf das Studium des menschlichen Verhaltens, Denkens, Fühlens und der kognitiven Prozesse in der Psychologie.

Der zweite Gesichtspunkt ist die organisationale, strukturelle Sichtweise. Hier lautet die Frage: Wie interagiert der Mensch in einer Unternehmensumgebung? Dies bezieht sich auf die Wechselwirkungen und Aktivitäten der Mitarbeitenden innerhalb eines Unternehmens und wie sie dazu beitragen, die Ziele und den Betrieb des Unternehmens voranzutreiben.

Zur bildlichen Veranschaulichung habe ich versucht, diese zwei Gesichtspunkte grafisch darzustellen, um die Abhängigkeiten besser aufzuzeigen (◨ Abb. 2.1).

Um eine tatsächlich und nachhaltig effiziente Arbeitsumgebung zu schaffen, ist es zwingend notwendig, sich diesen Fragestellungen aktiv, intensiv und mit echtem Commitment zu widmen. Wir haben es erlebt, dass in den letzten Jahren schöne Pseudowelten aufgebaut wurden, die keinerlei Verbindung zum Menschen geschaffen haben, sondern ihn sogar in vielen Fällen ausgegrenzt haben. Wir brauchen eine neue Herangehensweise und ein neues Mindset für eine aktive und „artgerechte" Arbeitswelt.

Als Führungskraft sind Sie Teil dieser Herausforderung, und zwar von Anfang an. Eine spannende Reise mit viel Platz für Überraschungen. Aber glauben Sie mir, wenn Sie rechtzeitig den wirklichen Need erkennen und merken, wo die Pain Points sind, werden Sie viel Positives erleben.

2

☑ **Abb. 2.1**   Die zwei zentralen Fragestellungen im Rahmen der Introspektion eines Workplace-Change-Prozesses (Gauer Consulting), (Quelle: Eigene Darstellung)

Neue Arbeitswelten in einem Unternehmen einzuführen ist eine sehr komplexe Angelegenheit, die sehr leicht zum Misserfolg werden kann – und zwar deswegen, weil diese Initiativen völlig unterschätzt werden (Jacobs et al., 2013; Kee & Newcomer, 2008). Ich werde in diesem Buch noch öfters auf diese Komplexität eingehen. Als Führungskraft ist man auch hier exponierter als ein Mitarbeitender. Warum? - Weil komplexe Situationen besonderes Denken erfordern. Das ist schon nicht ganz einfach, aber als Führungskraft muss man sich der Komplexität erstmal bewusst werden.

▪ Was ist eine komplexe Situation?

Eine komplexe Situation ist eigentlich wie ein System, das aus einer Menge von Variablen zusammengesetzt ist, die durch eine Art Netzwerk von Abhängigkeiten miteinander verbunden sind. Das bedeutet, dass man in einem solchen System niemals eine Sache allein macht, wenn man etwas in Angriff nimmt oder an einer Schraube schraubt, sondern immer gleich mehrere andere Elemente damit zusammenhängen. Man kann eigentlich nicht einen einzigen Aspekt verändern, sondern von einer Intervention werden immer auch eine Menge anderer Aspekte mit verändert oder beeinflusst. Das System ist dynamisch und die Veränderung eines Aspektes erzeugt Nebenfolgen und Fernwirkungen, die erst später wirksam oder auch einfach sichtbar werden können (Bennet & Bennet, 2004, 2008)

Und genau das ist der springende Punkt in einer Workplace-Change-Initiative. Es sind viele Elemente, die interagieren und sich gegenseitig beeinflussen. Und die größte Unbekannte ist der Mensch. Deswegen ist Führung ein so entscheidender Teil in diesem Prozess.

Vielleicht helfen einige Beispiele von meinen Erfahrungen.

Kunden sagen mir immer wieder, dass die Mitarbeitenden die neuen Office-Lösungen, obwohl sie stylisch und cool sind, zu wenig annehmen und viele augenscheinlich hippe Officezonen nicht adäquat genutzt werden. Das hat eben damit zu tun, dass an den Bedürfnissen der Menschen vorbeigeplant wurde, weil man das Element „Mensch" nicht in der Form berücksichtigte, in der es hätte geschehen sollen.

Wenn Führungskräfte berichten, dass die Leistung und der Teamgeist im neuen Open Space Büro nicht verbessert, sondern im Laufe der Zeit sogar nachgelassen haben, und dass Engagement sowie Loyalität gesunken sind, sodass viele Mitarbeiter nicht mehr eigenmotiviert sind, dann ist das besorgniserregend. Hinzu kommt, dass das Unternehmen Schwierigkeiten hat, neue Mitarbeiter zu gewinnen, trotz der kürzlich angeschafften, modernen Büromöbel. Dies deutet darauf hin, dass die Attraktivität des Unternehmens nicht allein durch äußere Veränderungen gesteigert werden kann.

Oder wenn die Krankheitsraten stetig steigen und Burnout sowie Erschöpfungszustände zunehmend wie Sand im Getriebe wirken, da die Arbeit nur schwer kompensierbar ist.

■ Die Qual der Wahl

Ein anderes Element in Workplace-Initiativen – vor allem in den momentan sehr beliebten Multispace-Umgebungen – ist die Vielfalt an Möglichkeiten. Vielfalt wird im Kontext neuer Arbeitswelten als absolutes Highlight verkauft, man unterschätzt dabei aber, dass Wahlmöglichkeiten bei Menschen auch Stress erzeugen und der Mensch so geschaffen ist, dass er für sich eine Kosten-Nutzen-Rechnung aufstellt – oftmals sogar unbewusst. Diese „Qual der Wahl" beziehungsweise der Stress, den eine Person durch zu viele Wahloptionen erfahren kann, nennt sich auch Choice-Overload. Die Anforderungen oder Kosten übersteigen dabei die Ressourcen oder den Nutzen und es entsteht ein belastender Zustand (Chernev et al., 2015; Pfaff, 2013).

Die Person fragt sich in solchen Situationen: Bringt es mir etwas, wenn ich mich in diese Zone begebe? Was bringt es mir für einen Vorteil? Und, glauben Sie mir, oft entscheidet das Gehirn, dass der Nutzen nicht gegeben ist, um den Aufwand zu rechtfertigen.

Und hinzu kommt dann noch die Frage: Was soll ich für ein Modul oder für eine Zone aussuchen? Schon bei dieser Frage geben viele auf, und wenn sie das nicht tun, dann kann es durchaus sein, dass sie Folgendes erleben, wie ich nun in einem Beispiel versuche zu beschreiben. Früher, wenn man Jeans kaufen wollte, ging man in den Laden und wandte sich an eine Verkaufskraft. Diese fragte anschließend, ob man dieses oder jenes Modell möchte. Man entschied sich für eines der beiden, war glücklich darüber und spazierte in angemessener Zeit hinaus. Heutzutage, sofern man überhaupt eine Verkaufskraft findet, gibt es eine Vielfalt an Jeans – slim fit oder regular, stone washed oder irgendwie anders washed, in der einen Länge oder der anderen, in diesem, diesem oder jenem Farbton, usw. man entscheidet sich dann für eine Jeans, nachdem man 10 anprobiert hat und kauft diese. Immer noch nicht ganz happy damit, denn es stellt sich die Frage: „Hätte ich nicht doch lieber die andere nehmen sollen?"

Je mehr Auswahl wir haben, desto schwieriger wird der Entscheidungsprozess und desto unglücklicher sind wir mit dem Ergebnis (Chernev et al., 2015; Pfaff, 2013). Auch das spielt in der Auswahl von verschiedenen Zonen und Räumlichkeiten und Modulen in einer neuen Arbeitswelt eine Rolle - nicht umsonst heßt ein altes Sprichwort: die Qual der Wahl! Somit haben wir hier wieder ein komplexes System, in dem unterschiedliche Entscheidungen sich gegenseitig beeinflussen. Als

2

❏ **Abb. 2.2**   Ausgangssituation und abgeleitete Bewertungen (Gauer Consulting), (Quelle: Eigene Darstellung)

Führungskraft ist es wichtig, zu „entkomplizieren" und Stabilität sowie Sicherheit hineinzubringen. Das würde auch bedeuten, dass oft weniger mehr ist.

Das bedarf aber einer gewissen mentalen Mühelosigkeit.

Wenn Sie wach sind – und vielleicht sogar, wenn Sie schlafen (wir kennen ja alle die Themen, die einem durch den Kopf gehen, auch wenn man vermeintlich eingeschlafen ist) – laufen viele gedankliche Aktivitäten in Ihrem Gehirn ab, die versuchen, Antworten auf wichtige Fragestellungen zu geben. Fragen könnten sein: Komme ich mit den Anforderungen an mich zurecht? Habe ich die richtige Entscheidung getroffen? Wie soll ich mich in diesem und jenem Punkt entscheiden? Und das sind nur einige Beispiele von Dingen, die uns durch den Kopf gehen und uns beschäftigen.

Diese mentale Mühelosigkeit hilft maßgeblich bei Entscheidungsfindungen, oder aber kann diese erschweren. ❏ Abb. 2.2 soll dies illustrieren.

Ein hoher Grad an mentaler Mühelosigkeit ist ein Zeichen dafür, dass alles im grünen Bereich ist und in dem Moment alles wunderbar zur Situation passt – keine Probleme, keine Ängste oder Planänderungen, auf die man reagieren muss.

Eine mentale Schwere ist ein Zeichen dafür, dass es Probleme in einem oder mehreren Bereichen gibt, die Maßnahmen und mehr Aufmerksamkeit erfordern. Dementsprechend erlebt man eine mentale und emotionale Belastung.

Je nach dem, in welchem „Zustand" Sie sich befinden, also ob Sie aktuell mühelos oder nur schwer mit Themen umgehen können, hat dies unterschiedliche Auswirkungen auf Ihr Handeln und Ihre Emotionen. Wenn Sie sich in einem Zustand der Mühelosigkeit befinden, dann sind Sie ziemlich sicher gut drauf. Sie finden gut, was Sie machen, glauben, was andere Ihnen erzählen und vertrauen Ihren Intuitionen. Wenn Sie angespannt sind, werden Sie wachsamer und argwöhnischer und strengen sich deswegen mehr an, um Ihre Ziele zu erreichen, fühlen sich aber nicht so wohl in Ihrer eigenen Haut. Sie machen zwar grundsätzlich weniger Fehler, sind aber auch weniger intuitiv und weniger kreativ als sonst.

▪ **Der Schein der Einsicht, ohne tatsächliche Kompetenz**

Wir beschwindeln uns ständig selbst.

Gute Geschichten bestehen aus einer einfachen und zusammenhängenden Erzählung von Handlungen und den zugrunde liegenden Absichten von Menschen. So weit ist die Sache klar. Aber das Problem, das sich daraus ergibt, ist, dass wir dazu neigen, Verhaltensweisen als klare Definitionen und Ableitungen von Präferenzen, Wissen und Charakterzügen zu interpretieren. Denn so gelingt es uns, diesen Verhaltensweisen klare Wirkungen zuzuschreiben, was für uns die Interpretation extrem vereinfacht! Und genau hier beginnt die Problematik.

Der sogenannte Halo-Effekt (Beckwith et al., 1978; Thorndike, 1920) beschreibt dies ebenfalls nochmals sehr spannend. Halo-Effekt kommt aus dem Englischen und bedeutet „Heiligenscheineffekt" und bezeichnet eine aus der Sozialpsychologie bekannte kognitive Verzerrung. Dabei schließt man von bekannten Eigenschaften einer Person auf das Vorhandensein bestimmter unbekannter Eigenschaften. Dieser Halo-Effekt trägt zu einer zusammenhängenden gedanklichen Verknüpfung bei, sodass er uns dazu bringt, alle Aspekte einer Person so wahrzunehmen, dass sie mit unseren Einschätzungen zu besonderen Merkmalen übereinstimmen, ob es nun stimmt oder nicht.

Beispielhaft stelle ich Ihnen folgende Situation vor, die ich sehr häufig bei unseren Kunden erlebe. Das Top-Management eines Unternehmens und das aufgebaute Projektteam für die New-Workplace-Initiative sind von der definierten Vorgehensweise überzeugt, in der das Layout und das Office-Design als allumfassend überzeugend wahrgenommen werden. Somit ist es nicht notwendig, zu viel Zeit, Ressourcen und Geld in das Thema Mitarbeiter-Enablement zu investieren. Dies ist ein einfaches und doch fatales Beispiel, weil aufgrund dieser Fehleinschätzung viele Initiativen gar nicht erst durchgeführt werden oder nur halbherzig.

Deshalb ist ein Scheitern im Umgang mit neuen Arbeitswelten sehr oft vorprogrammiert. Gerade bei Workplace-Change-Projekten wird sehr viel vom eigenen Standpunkt aus betrachtet und nicht analysiert, was das Unternehmen und dessen Belegschaft brauchen (Kee & Newcomer, 2008; Jacobs et al., 2013).

Als Führungskraft haben Sie auch hier die Verantwortung und vor allem die Chance, das Wissen über die Psychologie des Menschen für ein nachhaltiges Workplace-Change-Projekt einzusetzen. Ich weiß, das ist nicht einfach, denn Sie sehen das ja an all den Kapiteln dieses Buches, wie herausfordernd, komplex und cross-disziplinär neue Arbeitswelten sind.

Aufgrund der Needs, Pain Points und Erfahrungen von gescheiterten Projekten ist es an der Zeit, sich wirklich mit dem Thema New Work auseinanderzusetzen.

Literatur

Beaton, A., Cook, M., Kavanagh, M., & Herrington, C. (2000). The psychological impact of burglary. *Psychology, Crime & Law, 6*(1), 33–43.

Beckwith, N. E., Kassarjian, H. H., & Lehmann, D. R. (1978). Halo effects in marketing research: Review and prognosis. *ACR North American Advances, 8*, 465–467.

Bennet, A., & Bennet, D. (2004). *Organizational survival in the new world*. Routledge.

Bennet, A., & Bennet, D. (2008). The decision-making process in a complex situation. *Handbook on decision support systems 1: Basic themes*, Harvard University Press, 1–20.

Brown, B. B., & Harris, P. B. (1989). Residential burglary victimization: Reactions to the invasion of a primary territory. *Journal of Environmental Psychology, 9*(2), 119–132.

Chernev, A., Böckenholt, U., & Goodman, J. (2015). Choice overload: A conceptual review and meta-analysis. *Journal of Consumer Psychology, 25*(2), 333–358.

2

Jacobs, G., Van Witteloostuijn, A., & Christe-Zeyse, J. (2013). A theoretical framework of organizational change. *Journal of Organizational Change Management, 26*(5), 772–792.

Kee, J. E., & Newcomer, K. E. (2008). Why do change efforts fail? *Public Manager, 37*(3), 5–12.

Mandela, N. (2013). *Meine Waffe ist das Wort: Mit einem Vorwort von Desmond Tutu.* Kösel.

Pfaff, H. (2013). Optionsstress und Zeitdruck. *Immer schneller, immer mehr: Psychische Belastung bei Wissens-und Dienstleistungsarbeit*, Harvard University Press, 113–143.

Thorndike, E. L. (1920). A constant error in psychological ratings. *Journal of Applied Psychology, 4*(1), 25–29.

Weber, C. (2019). Privacy fit in open-plan offices: Its appraisal, associated outcomes & contextual factors, Harvard University Press.

Neue Arbeitswelten – ein strategischer Prozess

Inhaltsverzeichnis

© Der/die Autor(en), exklusiv lizenziert an Springer-Verlag GmbH, DE, ein Teil von Springer Nature 2024
S. Gauer, *Führen im Zeitalter neuer Arbeitswelten*, https://doi.org/10.1007/978-3-662-68538-9_3

3.1   Am Anfang war der Gedanke

Am Anfang geht es immer um den ersten Gedanken, die erste Idee, dass man was verändern möchte (■ Abb. 3.1). Moderner sein, cooler sein, wie die anderen sein, Flächen effizienter nutzen, ein schöneres Büro, agile Arbeitsformen und Raumstrukturen, etc. Es sind viele mögliche Ideen, die den Beginn der Reise in neue Arbeitswelten darstellen können.

Neue Arbeitswelten zu initiieren ist ein sehr komplexer Prozess, der leider völlig unterschätzt wird, da er sehr weitreichende Folgen hat.

■ **Vision, Strategie und Leadership**

Woher kommt die Vision und wie sollen wir wissen, ob sie die richtige für das Unternehmen ist? Welche der vielen Möglichkeiten ist die, die für unser Unternehmen die erfolgversprechendste ist? Dieser Frage gibt man leider immer zu wenig Gewicht, aber sie kann schlussendlich zum nachhaltigen Erfolg von Initiativen zu neuen Arbeitswelten beitragen.

In ■ Abb. 3.1 habe ich versucht, diese Gedanken zusammenzufassen und die Doppelfunktion der Führungskraft aufzuzeigen.

■ **Abb. 3.1**   Vision, Strategie und Leadership. Neue Arbeitswelten – von der Vision zum Produkt und die Doppelrolle der Führung (Gauer Consulting), (Quelle: Eigene Darstellung)

3.2 Die Komplexität erkennen und entflechten

Neue Arbeitswelten mit ihrer Vielfalt an Möglichkeiten im Open Space, Multispace, Kombibüros oder klassischen Strukturen, haben eins gemeinsam: Sie brauchen eine klare Strategie und eine eindeutige Zuordnung zu dem, was ein Unternehmen mit dieser Arbeitswelt erreichen will.

Im wechselhaften Trend der Bürokonzepte ging es jahrelang darum, das zu tun, was andere tun, und wie die Lemminge liefen alle hintereinander her, in der Hoffnung, die eigene Bürowahrheit zu finden. Man versuchte Arbeitswelten zu kopieren und Initiativen entweder mit gestylten Layouts zu realisieren oder eine gut kalkulierte Flächeneffizienz durch Flächeneinsparungen zu erarbeiten. Das ging so lange gut, bis klar wurde, dass die Parameter Leistung, Zufriedenheit und Gesundheit nicht ganz so einfach zu integrieren waren.

Es setzt sich immer mehr die Erkenntnis durch, dass man den Menschen in den Mittelpunkt stellen muss (☐ Abb. 3.2). Damit meine ich nicht „Employee first" und dass jeder Wunsch von den Augen abgelesen wird, was momentan auch einem Trend entspricht. Ich meine eine Balance zwischen menschlichen Bedürfnissen und Unternehmenszielen – eine positive Bilanz für beide Seiten sozusagen.

Zwei Aspekte sind dafür zu berücksichtigen:
1) In Bürokonzepten und daraus resultierenden Arbeitswelten müssen wirtschaftliche, architektonische und psychologische Aspekte verbunden, berücksichtigt (☐ Abb. 3.2) und in das Handeln integriert werden, beginnend bereits in der Strategie und Planung.
2) Die Führung muss als fördernder und fordernder Unterstützer dieser Arbeitswelt gesehen werden, der in seiner Form menschlich und authentisch sein darf – mit seinen Stärken und Schwächen (Peus et al., 2009).

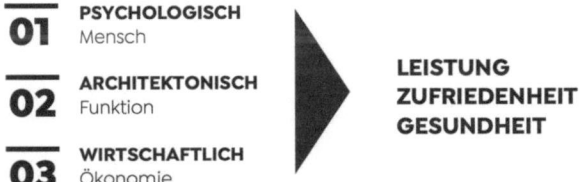

☐ **Abb. 3.2** Integration von psychologischen, architektonischen und psychologischen Aspekten bei der Konzeption neuer Arbeitswelten zur Förderung von Leistung, Zufriedenheit und Gesundheit (Gauer Consulting), (Quelle: Eigene Darstellung)

3

3.3 Verschiedene Ebenen berücksichtigen

Moderne Arbeitswelten sind komplex und vielschichtig, da mehrere Ebenen aufeinandertreffen. Bis jetzt wurde in der Konzeption neuer Arbeitswelten von Planern und Architekten primär in der sichtbaren Ebene gearbeitet. Man ist der Meinung, dass eine funktionale Raumplanung eskortiert von coolen Layouts und ausgefallenen Möbeln auch gleichsam die Performance der Mitarbeitenden und, wie selbstverständlich, eine positive Führungskultur unterstützt. Zum Wohlfühlen wurde man ohnehin „verdammt", weil es ja gar nicht anders geht, bei solchem planerischen und oft auch finanziellen Aufwand. Kreativität und Leistung sollen auf „Knopfdruck" bei der Belegschaft durch entsprechende Kreativ- oder Innovativräume entstehen, weil man ja als Unternehmen dafür bezahlt hat.

Meine jahrelange Erfahrung und mittlerweile auch fundierte wissenschaftliche Erkenntnisse haben gezeigt, dass Raumwelten nicht nur Layouts sind, sondern auch aus dem menschlichen Innenraum (Psyche) bestehen (Proulx et al., 2016; Paradise et al., 2018). Wir Menschen sind viel komplexer als es mit Raumstrukturen und Designelementen erklärbar und simpel umsetzbar wäre.

Mit diesem Wissen hat das Beratungsunternehmen Gauer Consulting einen anderen Ansatz gewählt und integriert in diesem auch die teilweise sichtbaren und nicht sichtbaren Elemente.

Arbeitswelten sind ein agiles Wechselspiel zwischen Offensichtlichem und dem was verborgen dahinter liegt. Die Grenzen zwischen den Ebenen „teilweise sichtbar" und „nicht sichtbar" sind fließend und gehen je nach Fragestellung immer wieder ineinander über (◻ Abb. 3.3).

◻ **Abb. 3.3**   (Gauer Consulting): Quelle: Eigene Darstellung. Das Eisbergmodell. Das Modell zeigt die Vielschichtigkeit und Komplexität neuer Arbeitswelten durch unterschiedlich sichtbare Ebenen, welche es bei Initiativen zur Einführung neuer Arbeitswelten zu berücksichtigen gilt

3.4 Das Eisbergmodell by Gauer

Das von Gauer Consulting entwickelte Modell (◖ Abb. 3.3) soll das Wechselspiel dieser unterschiedlich sichtbaren Ebenen verdeutlichen.

Beginnen wir aber vorerst einmal mit dem, was noch vor der sichtbaren Ebene ein essenzieller Bestandteil von neuen Arbeitswelten ist – die Strategie.

Ich stelle immer wieder fest, dass bei der Planung von neuen Arbeitswelten die strategische Ausrichtung solcher weitreichenden Initiativen zu kurz kommt.

New Workspace-Initiativen stehen zwar nach wie vor hoch im Kurs, aber es fehlt sehr oft an einer detaillierten Auseinandersetzung. Es ist von entscheidendem Vorteil sich gezielt mit dem, was man mit einer neuen Arbeitswelt erreichen will, auseinanderzusetzen. Die Konsequenzen von diesen Entscheidungen und deren Tragweite werden in Veränderungsvorhaben oft unterschätzt, denn die Auseinandersetzung mit diesem Thema oder besser gesagt mit diesem Themenkomplex ist schon ein erster erfolgsentscheidender Faktor in der Führung (Kee & Newcomer, 2008).

Je intensiver und koordinierter sich das Management mit dieser Neuausrichtung beschäftigt und auseinandersetzt, desto besser kann die Planung und Implementierung erfolgen. Dies nicht nur von der Arbeitswelt selbst, sondern auch von der Art und Weise, wie *in* dieser Arbeitswelt *geführt* wird (Gill, 2002; Peus et al., 2009).

In dieser sensiblen Phase geht es einerseits darum, die eigene Strategie zu entwickeln und sie gleichzeitig zu hinterfragen. Es gibt viele Gründe für die Einführung von neuen Arbeitswelten, die sich teilweise sehr stark voneinander unterscheiden und unterschiedliche Herangehensweisen erfordern. Wichtig ist es auch, die richtigen Personen für diese Projektinitiativen zusammenzustellen, um Ressourcen-, Kompetenz- und Zielkonflikte zu vermeiden. Mit einer durchdachten Strategie am Anfang einer Projektinitiierung lassen sich Projekt- und Managementfehler reduzieren.

Folgende grundlegende Fragestellungen sind zu klären.

1) Was sind für uns neue Arbeitswelten?
2) Was wollen wir damit erreichen?
3) Wie stark müssen/wollen wir unsere Unternehmenskultur challengen?
4) Welche Arbeitswelt passt *für* uns und *zu* uns?
5) Was hat diese neue Arbeitswelt für Konsequenzen für uns?
6) Wie können wir als Management-Teams verschiedener Hierarchiestufen dieses Projekt erfolgreich unterstützen?
7) Was sind Success-Factors und wo sind die Risiken?
8) Wie mutig wollen wir sein?

Das erste Ziel dieser strategischen Phase ist es, Klarheit darüber zu erhalten, was neue Arbeitswelten für das Unternehmen leisten und erfüllen müssen. Korrespondierend sollte das zweite Ziel sein, sich darüber klar zu werden, was das *Unternehmen* für neue Arbeitswelten leisten und erfüllen muss.

Steigen wir nun tiefer in das Eisbergmodell ein.

SICHTBAR   Raumkonzeption   Architektur
Layoutplanung   Räume
Möblierung   Strukturen
Design

3

◘ **Abb. 3.4**   Die sichtbare Ebene von Arbeitswelten (Gauer Consulting), (Quelle: Eigene Darstellung)

■ **Die sichtbare Ebene ist die einfachste Ebene**

Auf dieser Ebene (◘ Abb. 3.4) wurde lange Zeit und wird auch heute noch das Hauptaugenmerk gelegt. Nicht, dass diese Phase unwichtig wäre, sie ist sogar sehr entscheidend. Die Architektur mit ihrer Raumstruktur hat einen enormen Einfluss auf die Layoutplanung und das Design. Aber es wäre zu kurz gegriffen, sich nur über diese Äußerlichkeiten zu definieren.

Arbeitswelten repräsentieren eine Haltung und eine Arbeitseinstellung, sie prägen die Kultur und helfen, effizient zu arbeiten oder eben nicht. Sie sind maßgeblich verantwortlich dafür, ob man sich wohl fühlt oder nicht (Candido et al., 2019).

Wohlfühlen heißt auf keinen Fall, dass ein Büro aussehen muss wie das Wohnzimmer zu Hause. Ich würde sogar davon abraten, denn wir suchen bewusst nach Abwechslung und dem altbekannten Tapetenwechsel. Mehr noch, wir brauchen ihn, um effizient arbeiten zu können.

Ich kann das an einem Beispiel sehr gut erklären. Ein sehr großer Kunde von mir hat mich zu sich gerufen, weil in seinem neu gebauten Gebäude die Mitarbeiterzufriedenheit ein magisches Tief hatte. Man konnte es sich nicht erklären, da das Gebäude von einem renommierten Stararchitekten geplant und designt wurde. Alles war perfekt durchgestylt. Die Mitarbeiterwerte waren aber dennoch bodentief schlecht und einer der Hauptgründe war, dass die Akustik als absolut unterdurchschnittlich empfunden wurde und sie sich ständig abgelenkt fühlten. Viele ziemlich klare Aussagen seitens der Mitarbeitenden lagen vor. Der Fall schien klar: Planungsfehler.

Ja, es waren Planungsfehler, aber nicht die, die man meinen möchte, es war so viel komplexer und tiefgründiger. Man hat die Rechnung buchstäblich ohne den Wirt gemacht.

Wie ging es dann weiter? Ich habe mir einen Berliner Akustiker geholt, der unabhängig prüfen sollte, ob es tatsächlich ein Akustikproblem war, denn meiner Meinung nach hatte diese Unzufriedenheit rein gar nichts mit dem klassischen Geräuschpegel zu tun. Auch das Gebäude sprach dagegen, denn es war wirklich durchdacht und durchgeplant.

Woran lag es also? Die Gründe, die ich in einigen Gesprächen und ein paar wenigen Workshops herausgefunden habe, waren eigentlich simpel, wenn auch komplex zu lösen. Die Mitarbeitenden identifizierten sich nicht mit dem Gebäude und den Raumstrukturen.

Ich habe mich dann mit dem Projektteam und dem Stararchitekten zusammengesetzt und versucht eine Brücke von ihnen zu den Mitarbeitenden zu bauen. Es ging sogar so weit, dass der Kunde nicht einmal das Blumenbukett ohne vorgängige Absprache auswählen durfte, da es vielleicht nicht ins Designkonzept passen könnte. Die Mitarbeitenden haben mir gesagt, dass das Gebäude und die Architektur, sowohl außen als auch innen, nichts mit ihrer Geschichte, ihrer Kultur und ihren Bedürfnissen zu tun haben und dass sie nie in einer Form einbezogen wurden, die es ihnen erlaubt hätte, wirklich Input zu geben. Stattdessen hat man sich auf Pseudo- und Alibi-Change-Management-Übungen begrenzt.

Die „schlechte Akustik" war nichts anderes als ein Platzhalter für die absolute Unzufriedenheit nicht nur mit dem Prozess an sich, sondern auch mit dem Ergebnis.

Und das führt mich zur nächsten Ebene.

■ **Die teilweise sichtbare Ebene**

Hier fängt es schon an etwas komplizierter zu werden. Dieser Teil des Eisbergmodells geht schon mehr in die zwischenmenschliche Ebene, hat aber immer noch eine starke Verbindung und Abhängigkeit zur Raumkonzeption (☐ Abb. 3.5).

Wenn Räume geplant werden, muss zwingend zuerst analysiert werden, wie die Menschen im jeweiligen Unternehmen arbeiten und welche Kultur sie in ihrer Firma leben. Welche Werte und Gepflogenheiten wichtig sind und wie funktioniert die Kommunikation? So zeigt auch die wissenschaftliche Literatur, dass die Ausrichtung des Veränderungsprozesses auf die Kultur und Werte der Unternehmen wichtig ist (Branson, 2008; Burnes & Jackson, 2011).

Der Führungsstil ist ein wichtiger Bestandteil einer erfolgreichen Implementierung von neuen Arbeitswelten. Aber um diese zu gewährleisten ist es wichtig, die Ist-Situation darzustellen und eine Basis zur Diskussion zu generieren.

Ich höre dann oft von Unternehmensverantwortlichen, dass sie im neuen Bürokonzept ja anders arbeiten wollen und man somit keine Ist-Analyse brauche. Das ist aber genau so, wie wenn man ein Gericht verändern oder ergänzen will und eigentlich keine Ahnung hat, wie man es kocht. Man kann sich nur effizient und sinnvoll mit neuen Anforderungen auseinandersetzen, wenn man weiß, woher das Unternehmen kommt und was am Ende möglich ist und was eben nicht. Den Mut zu haben, zwar über seinen Tellerrand hinauszuschauen, aber gleichzeitig auch zu wissen, wann es ein Schritt zu viel wäre. Die Transformation in neue Arbeitswelten ist ein sehr komplexer, schwieriger und vor allem sehr emotionaler Prozess, der uns in der letzten Ebene des Eisbergmodells noch begegnen wird. Diese Veränderung wird von Unternehmen massiv unterschätzt und daher auch stiefmütterlich behandelt, was zunehmend zu Problemen bei der Implementation solcher Initiativen führt (Kee & Newcomer, 2008).

Arbeitsmodelle und Tätigkeiten müssen für eine sinnvolle Raumkonzeption kritisch hinterfragt und mit der Strategie für neue Arbeitswelten abgeglichen werden. Das ist leider etwas, das ich sehr oft in meinen Kundenprojekten antreffe – viele Unternehmen wollen sich ausschließlich auf die Gestaltung der Bürofläche konzentrieren und nicht auf die Veränderung und Modernisierung der Arbeitswelt als Ganzes. Der Begriff „neue Arbeitswelt" wird dann meistens nur für das Büro

☐ **Abb. 3.5** Die teilweise sichtbare Ebene von Arbeitswelten (Gauer Consulting), (Quelle: Eigene Darstellung)

verwendet und nicht für die verschiedenen Dimensionen, die es braucht, um aus einem Konzept eine erfolgreiche Arbeitswelt zu schaffen.

Auch die Titanic galt als unsinkbar und ist dann genau an einem Eisberg gescheitert. Wenn ich das jetzt pointiert formuliere, basiert es auf meiner Beobachtung, dass viele Unternehmen oft zu spät realisieren, welche vielschichtigen Aspekte neue Arbeitswelten umfassen und wie viele unerwartete Hindernisse dabei wie Eisberge den Weg säumen.

Das führt mich gleich zu der letzten Ebene, die spannendste wie ich finde.

■ **Die nicht sichtbare Ebene im Eisbergmodell**

Und jetzt wird es richtig spannend, ja geradezu abenteuerlich und das ist nicht einmal übertrieben formuliert. Denn auf dieser Ebene (◘ Abb. 3.6) passieren all die emotionalen Prozesse, die Workplace-Change-Initiativen so herausfordernd und cross-disziplinär machen.

Um wirklich gute Resultate zu erzeugen und Arbeitswelten zu schaffen, die nachhaltig erfolgreich sind, ist es wichtig, sich auf die menschliche Ebene einzulassen. In die Welt hineinschauen, die uns nicht gleich in die Augen springt, die aber durchaus der springende Punkt für ein Scheitern sein kann. Ich meine damit nicht Wunschkonzert und Weihnachtsmann spielen, sondern das menschliche Verhalten verstehen und darauf adäquat zu reagieren. Hier sind nicht Architekten und Designer gefragt, sondern Psychologen oder genauer: Architekturpsychologen. Es geht darum, wie wir uns in Räumen verhalten und wie die Räume auf unser Erleben und Empfinden wirken. Wir können uns dieser Wirkung nicht entziehen, somit geht es mehr darum, wie wir diese Wirkung optimal für uns nutzen.

Viele Workplace-Change-Projekte scheitern oder erreichen nicht ihr Potenzial, weil diese nicht sichtbare Ebene das Herzstück der Initiative ist. Und zwar für jeden, der daran beteiligt ist, vom Projektmitglied bis zum Mitarbeitenden. Unsere Einstellungen, Werte, Erfahrungen und Persönlichkeiten spielen die entscheidende Rolle darin, wie erfolgreich diese Initiativen sind. Das Geld wird meistens in die sichtbare Ebene der Raumkonzeption gesteckt und nicht in die Menschen, die darin arbeiten. Doch wie ich anfangs schon erwähnt habe, geht es um das Verhalten von Menschen in Räumen und was verschiedene Arbeitswelten bei Menschen, je nach Konstitution, auslösen.

Aber um als Führungskraft aktiv unterstützen zu können, ist es wichtig, dass Sie sich selbst der Komplexität bewusst sind. Dieser Transformationsprozess funktioniert in den allermeisten Fällen nicht allein.

Führungskräfte brauchen eine klare und auf neue Arbeitswelten hin ausgerichtete Begleitung. Sehr oft erlebe ich in Projekten, dass man glaubt, das mit

◘ **Abb. 3.6** Die nicht sichtbare Ebene von Arbeitswelten (Gauer Consulting), (Quelle: Eigene Darstellung)

1–2 Workshops locker in den Griff zu bekommen. Es ist ja keine Hexerei – mein Gott – ein Umzug in ein fancy Büro, was gibt es da zu changen?

Es fängt schon damit an, dass Führungskräfte vor lauter To-Do's schon gar nicht mehr richtig zuhören. Dazu habe ich ein Beispiel, welches diese Tatsache ganz wunderbar beschreibt. Ich hatte bei einem Kunden einen Workshop mit Führungskräften. Ich stellte über ein Online-Tool ein paar Fragen, die sie über ihre Laptops beantworten mussten. Was die Führungskräfte nicht wussten, war, dass ich zusätzlich zu meinen Erläuterungen ihr Verhalten einfach beobachtete. Und es war genau so, wie ich es für mich vorhergesagt hatte.

Meine Frage war: „Können Sie gut zuhören und warten, bis Ihr Gegenüber seine Geschichte zu Ende erzählt hat?" Gutes Zuhören ist ja gerade für Führungskräfte sehr wichtig und steht auch in jedem Managementbuch. Nicht umsonst haben wir dank der Evolution zwei Ohren und einen Mund bekommen, das ist überlebenswichtig – nicht nur früher, sondern auch heute noch - wenngleich es nicht mehr so sehr ums physische Überleben geht.

Jetzt werden Sie sich fragen, was denn bei meinem kleinen Führungskräfteexperiment herausgekommen ist. Die Antwort ist simpel. Eigentlich hat keiner wirklich zugehört. Wie habe ich das gemerkt?

Während ich die Frage stellte, wurde sie gleichzeitig eingeblendet. Ich habe extra darum gebeten, meine Ausführungen bis zum Ende anzuhören und erst dann zu klicken. Was ist passiert? Circa 95 % der Befragten, es waren 25 Teilnehmer, haben, während ich gesprochen habe, bereits gedrückt. Von diesen 95 % haben mit Abstand die meisten angegeben, dass sie sehr gut zuhören und ein paar haben angegeben, dass sie gut zuhören. Als ich am Ende gefragt habe, was ich gesagt habe, konnten das nur mehr die 5 % wiederholen, die wirklich bis zum Schluss gewartet hatten.

Warum erzähle ich diese Geschichte? Neue Arbeitswelten sind so viel mehr als pure Raumkonzeptionen, denn sie erfordern unseren Fokus und unsere absolute Konzentration, da sie die Welt, in der wir uns bewegen, buchstäblich verändern. Gerade als Führungskraft ist diese Konzentration und Fokussierung mitunter matchentscheidend, da sie eine Doppelrolle einnehmen müssen. Auf der einen Seite sind sie selbst betroffene Mitarbeitende, auf der anderen Seite sollen sie Hilfe und Halt geben, wenn dieser Veränderungsprozess beginnt. Auch die Art und Weise, wie Führungskräfte ihre Mitarbeitenden miteinbeziehen, ist von entscheidendem Ausmaß. Sehr oft beobachte ich, dass ein Ressourcenkonflikt entsteht, dass man also gar keine Zeit hat, sich wirklich mit dieser neuen Arbeitswelt zu beschäftigen. Es sind so viele andere To-Do's wichtiger. Die Awareness ist gar nicht vorhanden. Und selbst wenn sie vorhanden wäre, dann habe ich oft beobachtet, dass die Zeit dafür fehlt, sich wirklich zu fokussieren.

Das ist leider auch ein gesellschaftliches Problem, aber die Arbeitswelt ist ja auch ein Stück weit ein Spiegelbild unserer Gesellschaft mit all ihren Stärken und Schwächen. Die Führungskraft sollte darin ein aktiver Player sein, wird aber häufig nur zum Statisten.

Ich möchte erneut auf die unsichtbaren Aspekte des Eisbergmodells eingehen, da das Verhalten von Führungskräften stark von ihren persönlichen Einstellungen, Werten, Erfahrungen und Persönlichkeiten beeinflusst wird. Leider wird oft noch unterschätzt, welch tiefgreifenden Einfluss neue Arbeitsumgebungen auf uns Menschen ausüben und warum es so entscheidend ist, die Menschen zu verstehen, bevor man Arbeitsräume für sie gestaltet.

Wie ich anfangs erwähnt habe, auch die Titanic ist gesunken, obwohl sie als unsinkbar galt. Unsere Arbeitswelten sind der Titanic nicht unähnlich, wie damals glaubt man, dass Größe und Imposanz alles überstrahlen und nur allein deswegen Erfolgsgaranten sind. Nun ja, da sollte man schnell noch mal die Geschichte nachlesen.

3.5   Was bedeutet das für die Führung?

3.5.1   Für Führungskräfte

Führung in modernen Arbeitswelten bedeutet, die Fähigkeit zu entwickeln, die verschiedenen Ebenen immer wieder neu zu verknüpfen und sich immer wieder zwischen den verschiedenen Ebenen zu bewegen.

Die Komplexität für sich zu entflechten und die eigenen Zugangscodes für wahre Authentizität und Resilienz zu finden, ist die grosse Herausforderung unserer Zeit. Das Problem unserer Zeit ist, dass wir alles wollen und das am besten sofort. Wir leben in einer Maßlosigkeit, die teilweise schwer zu ertragen ist. Aber vor allem entfremdet sie uns von uns selbst. Unser Motto der letzten Jahre hieß: „More is more" – das Motto für die nächsten Jahre sollte aber sein: „Less is more".

Wieder mehr Bescheidenheit und Authentizität könnten dazu beitragen, das Vertrauen in Führungskräfte zu stärken und eine Kultur der Offenheit und Zusammenarbeit in Unternehmen zu fördern (Gardner et al., 2011). Bedauerlicherweise ist die Kunst „man selbst zu sein" nur wenigen gegeben und auch Bescheidenheit ist ein schönes Schlagwort, um uns im Wirtschaftsleben einzuschwören, dass wir voll im Trend ist. Je mehr wir versuchen, echt zu wirken, desto weniger sind wir es. Die Kunst, die Ebenen unserer Persönlichkeit, Bedürfnisse und Ängste ehrlich und mit offenem Herzen wieder zu erforschen, wird uns helfen, Fragen zu beantworten und Möglichkeiten zu erkennen.

Neue Arbeitswelten eröffnen uns die Möglichkeit, neue Wirklichkeiten zu schaffen. Erstmals in der Geschichte der modernen Arbeit können wir unsere innere Freiheit voll ausleben und tatsächlich das verwirklichen, was wir anstreben und wer wir sein möchten. Dazu ist es jedoch essenziell, zunächst zu verstehen, was wir wirklich benötigen.

3.5.2   Für Mitarbeitende

Authentisch sein können nur die wenigsten Menschen einfach so. Zu stark sind unsere gesellschaftlichen Zwänge und auch die Tatsache, dass wir Zeit zu wenig konstruktiv für uns nutzen. Das kann daran liegen, dass man sich selbst immer am nächsten ist oder dass man es immer allen anderen recht machen will. Es fehlt oft ein gesunder Egoismus. Die einen haben zu viel davon, die anderen zu wenig – ein ewiges Dilemma. Der Fachkräftemangel spielt uns da teilweise auch ungünstig in die Karten. Als Führungskraft hat man oft das Gefühl, den Mitarbeitenden um jeden Preis halten zu müssen, und auch in den Personalabteilungen ist der Trend „Wir bewerben uns bei den potenziellen Mitarbeitenden" angekommen.

Psychologisch ist es aber so, dass wir echt sein müssen, um nachhaltig etwas zu bewegen. Wir müssen fair, aber klar sein in dem, was wir wollen und uns nicht scheuen, es auch einzufordern. Fördern und fordern ist wie Yin und Yang – es braucht beide.

3.6 Neue Arbeitswelten sinnvoll aufbauen

In all den Jahren, in denen ich nun schon als Beraterin für neue Arbeitswelten tätig bin, ist mir klar geworden, dass Büroarchitektur nicht nur ein Gestaltungsthema für künftige Arbeitswelten ist, sondern die bestehenden Räume ein wichtiger Indikator und damit auch ein sensibles Diagnoseinstrument sind, um den „Zustand" in einem Unternehmen jenseits aller Verbalisierungen und Selbstbekundungen zu analysieren, zu planen und dann an die Bedürfnisse des Unternehmens und dessen Mitarbeitende angepasst umzusetzen.

Das Büro als zentraler Faktor wurde zwar in den letzten Jahren nicht unterschätzt, es wurde sogar viel Geld investiert. Jedoch wurden aus meiner Sicht das tatsächliche Potenzial und auch die dahinterliegenden Problematiken falsch bewertet und somit teilweise Strukturen, Designs und Layoutvarianten geschaffen, die dem Menschen und dessen Bedürfnissen nicht entsprechen. Es geht am Ende des Tages nicht um diese fancy Welten, es geht um das Menschenbild und die Lebensformen unserer Gesellschaft, die dahinterstecken. Es geht um den Menschen mit seinen ursprünglichen und nicht angelernten Bedürfnissen, die verborgener in uns schlummern, als dass es eine oberflächliche Betrachtung erkennen lassen würde.

3.6.1 Potenziale erkennen

Das Ziel ist es, neue Arbeitswelten sinnvoll aufzubauen und ihre individuellen Eigenschaften zu berücksichtigen. Kleine und mittlere Betriebe haben andere Bedürfnisse und Möglichkeiten als große Unternehmen. Es ist wichtig, dass die jeweiligen Anforderungen an eine moderne, effiziente und flexible Arbeitswelt abgedeckt werden und mit den Bedürfnissen der Mitarbeitenden und den Möglichkeiten des Unternehmens gematcht werden.

3.6.2 Mitarbeitende aktiv einbinden

Eine aktive, authentische und glaubwürdige Involvierung der Belegschaft ist für eine erfolgreiche Umsetzung neuer Arbeitswelten unerlässlich. Hierbei ist es aber wichtig, dass die Einbindung in einer sinnvollen Art und Weise stattfindet und zu keinem Aktionismus oder einer Pseudoeinbindung führt. Die richtige Zielgruppe zur richtigen Zeit in der richtigen Detailtiefe wird benötigt. So kann man über den gesamten Projektverlauf hinweg eine konstante Zusammenarbeit erfolgreich managen. Auch

Studien zeigen, dass die Involvierung von Mitarbeitenden in gewissen Entscheidungen die Akzeptanz gegenüber der Veränderung erhöht (Vos & Van der Voordt, 2002).

3.6.3 Führung ermöglichen

Es zeigt sich also, dass die Führung in neuen Office-Strukturen ein zentraler Erfolgsfaktor ist, um aus einem Bürokonzept eine lebendige, nachhaltige und integrative Arbeitswelt zu schaffen. Wichtig dabei ist, dass man auch die Führungskräfte ihrer Kräfte nicht beraubt und sie auch als diesen wesentlichen Baustein sieht, den sie bilden.

3.6.4 Büro bedürfnisgerecht aufbauen

Die neuen Arbeitswelten sind Ausdruck einer abgestimmten Entscheidungs- und Planungskette. Es ist wichtig, die Bedürfnisformulierung zum einen in eine architekturpsychologische Ausgestaltung einfließen zu lassen und auf der anderen Seite eine Übersetzung in ein Office-Layout zu ermöglichen (◨ Abb. 3.7).

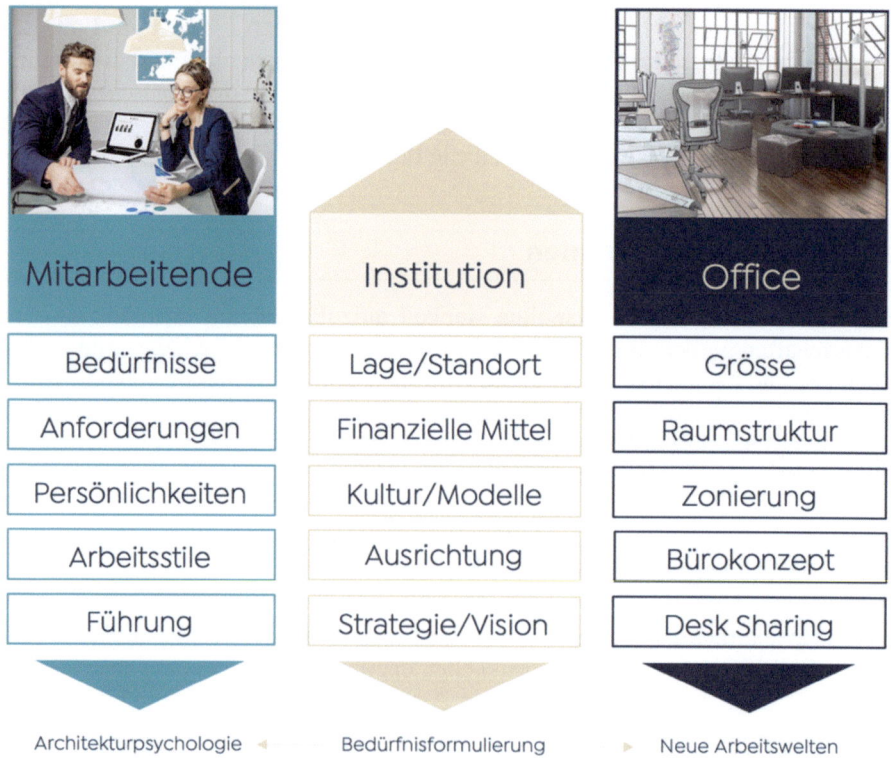

◨ **Abb. 3.7**   Das Büro bedürfnisgerecht aufbauen (Gauer Consulting), (Quelle: Eigene Darstellung)

3.7 Personalwesen und neue Arbeitswelten

3.7.1 Unternehmenswerte als Triebkraft

Organisatorische Werte sind eine wichtige Triebkraft für die Flexibilität und Agilität in Multispace Büros und eine bestimmende Komponente für das soziale Klima in einem Unternehmen. Organisatorische Werte sind auch die Grundlage, auf der der kollektive Sinn der Organisation entsteht und die den Mitarbeitenden Orientierung für ihr Handeln und Verhalten bieten (Williams, 2002).

Werte gewährleisten eine Kohärenz des kollektiven Handelns und bieten einen Rahmen für die Bewertung des Verhaltens anderer. Sie ermöglichen kollektiven Wandel und sind von grosser strategischer Bedeutung, vor allem dort, wo sich Unternehmen auf schnell verändernde Märkte und Umfelder einstellen müssen. Die strategische Bedeutung des Personalwesens und des Personalmanagements spiegelt sich zunehmend in der Formulierung strategischer Entscheidungen für Organisationen wider. Unternehmen erkennen nicht nur, dass sie sich aufgrund des technologischen oder marktbedingten Drucks verändern müssen, sondern auch, dass sich die Mitarbeitenden, die mit diesen Veränderungen konfrontiert sind, ebenfalls schnell an den Wandel anpassen müssen (Hassan, 2007).

Multispace-Büros und die Aufteilung des Raumes in Funktionsbereiche spiegeln die sich verändernde Markt- und Technologiedynamik wider. Personen, die in diesen Bereichen arbeiten, müssen ihr Verhalten entsprechend anpassen, um sowohl der veränderten Dynamik als auch dem Potenzial des Activity-Based-Working (ABW) gerecht zu werden. Und zusätzlich kommen auch noch die Faktoren der Persönlichkeit hinzu. Denn nicht jeder Mitarbeitende integriert sich gleich in den verschiedenen Zonen des agilen und flexiblen Arbeitens.

3.7.2 Zusammenspiel von Führungskraft und Personalabteilung

Es ist nun nicht nur die Aufgabe der Führungskräfte, sondern auch die Aufgabe der Personalabteilung, die Entwicklung der Mitarbeitenden und ihrer Kultur zu steuern und zu lenken. Die Anpassung der Mitarbeitenden an die Nutzbarkeit von Multispace-Büros wird so zu einem Ziel, das in größere kulturelle Initiativen innerhalb des Unternehmens eingebettet ist. Die Art und Weise, wie Organisationen arbeiten, überträgt sich auf den physischen Raum. So gibt es beispielsweise Belege dafür, dass ein innovatives und kooperatives Klima zu einer Zunahme sozialer Interaktionen führt (Chen & Huang, 2007) oder, dass gegenseitiges Vertrauen flache Hierarchien oder offene Feedback-Kulturen eine verstärkte Teamarbeit fördern (Haner & Wackernagel, 2018).

Um die Führung in Multispace-Büros zu fördern und die Flexibilität dieser Räume zu gewährleisten, müssen auch HR-Massnahmen von einem Standpunkt aus konzipiert werden, der die Werte als Dreh- und Angelpunkt eines jeden kulturellen Wandels betrachtet. Diese Werte müssen dann in konkrete Massnahmen und

3

Aktionen umgesetzt werden, zum Beispiel Führungstrainings, Lern- und Entwicklungsprogramme oder Einstellungsstrategien (Williams, 2002).

Werte sind der Treibstoff und Initiativen das Vehikel für den Wandel. Kultureller Wandel und Neuformulierungen von Werten dürfen nicht nur versprochen werden, sondern müssen auf allen Unternehmensebenen durch entsprechende Entwicklungsprogramme und Unterstützungsstrukturen in die Praxis umgesetzt und aufrechterhalten werden.

Spricht man von Werten als Instrumente zur Erzeugung einer affektiven Bindung an das Unternehmen, sind damit humane Werte wie Höflichkeit, Zusammenarbeit und Respekt sowie visionäre Werte wie Entwicklung, Offenheit und Kreativität gemeint. Diese Werte können sichere Bindungsstile gegenüber dem Arbeitsplatz und der Organisation fördern, da einerseits die persönliche und kreative Entwicklung unterstützt wird und andererseits die Organisation und der Arbeitsplatz als ihre physische Verkörperung für eine menschlichere und unterstützende Atmosphäre sorgen (Finegan, 2000).

Da die Flexibilität, Dynamik und Zufriedenheit mit dem Multispace-Büro in hohem Maße vom emotionalen Klima abhängen, das von den Mitarbeitenden gebildet wird, wird die Qualität der Führung in neuen Arbeitswelten in erheblichem Maße von der Fähigkeit der Führungskräfte bestimmt, Zugang zu den Emotionen der Mitarbeitenden zu erhalten. Auch die wissenschaftliche Literatur bestätigt die Wichtigkeit von emotionalen Kompetenzen für die Schaffung einer effektiven Führungskultur (George, 2000; Humphrey, 2002).

Emotionale Informationen können als eine Reihe von Signalen verstanden werden, die Aufschluss darüber geben, wie Individuen überlebenswichtige Phänomene wie wahrgenommene Bedrohungen, Konflikte, Beschwichtigungen, Bündnisse etc. einschätzen (Mayer et al., 2004).

Andererseits wird emotionale Intelligenz von Mayer, Salovey und Caruso verstanden als „the capacity to reason about emotions, and of emotions to enhance thinking […] which includes the abilities to accurately perceive emotions, to access and generate emotions so as to assist thought, to understand emotions and emotional knowledge, and to reflectively regulate emotions so as to promote emotional and intellectual growth" (Mayer et al., 2004).

Literatur

Branson, C. M. (2008). Achieving organisational change through values alignment. *Journal of Educational Administration, 46*(3), 376–395.

Burnes, B., & Jackson, P. (2011). Success and failure in organizational change: An exploration of the role of values. *Journal of Change Management, 11*(2), 133–162.

Candido, C., Thomas, L., Haddad, S., Zhang, F., Mackey, M., & Ye, W. (2019). Designing activity-based workspaces: Satisfaction, productivity and physical activity. *Building Research & Information, 47*(3), 275–289.

Chen, C.-J., & Huang, J.-W. (2007). How organizational climate and structure affect knowledge management – The social interaction perspective. *International Journal of Information Management, 27*(2), 104–118.

Finegan, J. E. (2000). The impact of person and organizational values on organizational commitment. *Journal of Occupational and Organizational Psychology, 73*(2), 149–169.

Gardner, W. L., Cogliser, C. C., Davis, K. M., & Dickens, M. P. (2011). Authentic leadership: A review of the literature and research agenda. *The Leadership Quarterly, 22*(6), 1120–1145.

George, J. M. (2000). Emotions and leadership: The role of emotional intelligence. *Human Relations, 53*(8), 1027–1055.

Gill, R. (2002). Change management – Or change leadership? *Journal of Change Management, 3*(4), 307–318.

Haner, U., & Wackernagel, S. (2018). Kurzbericht zur Studie „Wirksame Büro-und Arbeitswelten" – Ausgewählte Erfolgsfaktoren für eine wirksame Gestaltung von Büro-und Arbeitswelten. Stuttgart: Fraunhofer IAO. https://publica.fraunhofer.de/eprints/urn_nbn_de_0011-n-4941837.pdf. Zugegriffen am 21.12.2023.

Hassan, A. (2007). Human resource development and organizational values. *Journal of European Industrial Training, 31*(6), 435–448.

Humphrey, R. H. (2002). The many faces of emotional leadership. *The Leadership Quarterly, 13*(5), 493–504.

Kee, J. E., & Newcomer, K. E. (2008). Why do change efforts fail? *Public Manager, 37*(3), 5.

Mayer, J. D., Salovey, P., & Caruso, D. R. (2004). Emotional intelligence: Theory, findings, and Implications. *Psychological Inquiry, 15*(3), 197–215.

Paradise, C., Hynes, R., Proulx, M., de Sousa, A., Jicol, C., & Esenkaya, T. (2018). The psychology of workplace design. *Conscious Cities Journal, 5*, 75–90.

Peus, C., Frey, D., Gerkhardt, M., Fischer, P., & Traut-Mattausch, E. (2009). Leading and managing organizational change initiatives. *management revue*, 158–175.

Proulx, M. J., Todorov, O. S., Taylor Aiken, A., & de Sousa, A. A. (2016). Where am I? Who am I? The relation between spatial cognition, social cognition and individual differences in the built environment. *Frontiers in Psychology*, 64, 75–90.

Vos, P., & Van der Voordt, T. (2002). Tomorrow's offices through today's eyes: Effects of innovation in the working environment. *Journal of Corporate Real Estate, 4*(1), 48–65.

Williams, S. L. (2002). Strategic planning and organizational values: Links to alignment. *Human Resource Development International, 5*(2), 217–233.

Neue Arbeitswelten erzeugen Stress

Inhaltsverzeichnis

© Der/die Autor(en), exklusiv lizenziert an Springer-Verlag GmbH, DE, ein Teil von Springer Nature 2024
S. Gauer, *Führen im Zeitalter neuer Arbeitswelten*, https://doi.org/10.1007/978-3-662-68538-9_4

4.1 Der positive und der negative Stress

Eustress (Selye, 1976, 1978) kann gewissermaßen als gute Form von Stress gewertet werden, den wir brauchen, um unseren inneren Motor auf Betriebstemperatur zu halten. Er treibt uns (in Verbindung mit weiteren körperlichen und psychischen Anreizen) an, um zum Beispiel im Büroalltag neue Ideen einzubringen, Aufgaben gut und schnell zu erfüllen oder im Sport gute Leistungen zu erzielen. Stress kann uns also motivieren und dazu bewegen, Leistung abzurufen und eine gesetzte Aufgabe zielstrebig und effizient zu verfolgen. Um also produktiv und gefordert zu sein, braucht man ein gesundes Maß an positivem Stress (◗ Abb. 4.1). Eustress hilft uns somit „am Ball zu bleiben".

Aus der Evolutionsbiologie wissen wir, dass wir immer noch im Flucht- oder Angriffsmodus leben. Auch wenn wir es nicht gerne hören und vielleicht sogar nicht einmal wissen, unsere Programme laufen noch wie anno dazumal ab. Wenn Gefahr droht, können wir entweder angreifen oder fliehen. In Sekundenschnelle müssen wir die Situation einschätzen und handeln. Das Stresslevel geht dann massiv nach oben, das Adrenalin wird blitzschnell in den Körper gepumpt (Charmandari et al., 2005) und dann geht's los.

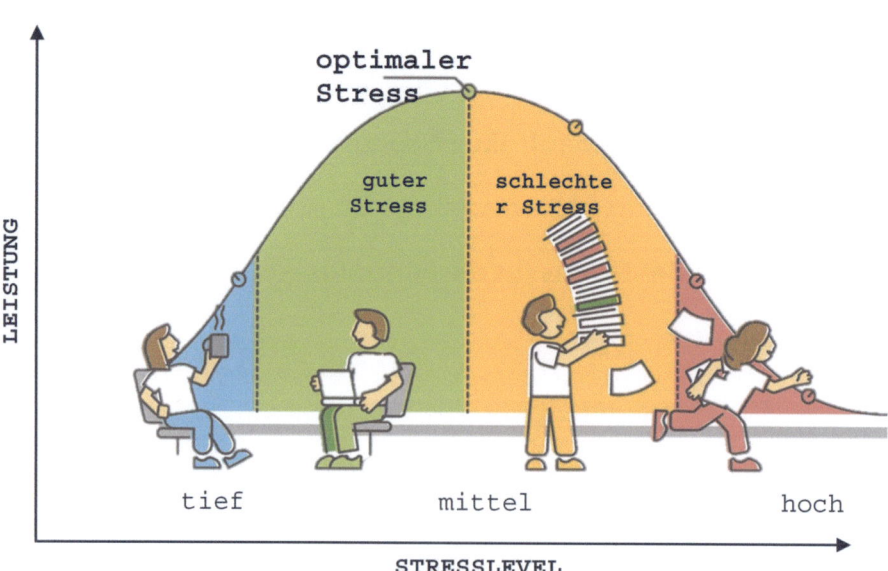

◗ **Abb. 4.1**   Die Stresskurve. Ein bestimmtes Level an Stress kann die Motivation und Leistung fördern (Gauer Consulting), (Quelle: Eigene Darstellung)

4.2 Evolutionsbiologisch und doch gesellschaftlich korrekt handeln

Die große Frage unserer Zeit ist: Was dürfen wir eigentlich noch tun, um gesellschaftsfähig zu bleiben? Es wird immer schwieriger zu handeln, weil wir viel zu viele Bewertungsmuster durchspielen müssen, um zu einer Aktion zu kommen. Wir müssen förmlich eine intuitive Checkliste darüber machen, was sozial und gesellschaftlich erwünscht ist und was nicht. Handeln wir „woke" genug? Sind wir zu maskulin? Oder sind wir gar zu feminin? Grenzen wir durch unser Verhalten jemanden aus? Beziehen wir uns zu sehr auf die Vergangenheit? Sind wir zu konservativ? Sind wir zu progressiv?

Da wird einem ja schon schwindlig bei dieser Aufzählung. Und dabei spielen sich viele Flucht- und Angriffsprozesse im unbewussten Teil unserer Wahrnehmung ab. Das heißt in weiterer Schlussfolgerung, dass wir fast gegen die Evolutionsbiologie ankämpfen müssen, weil wir nicht mehr so handeln können, wie es in unserem genetischen Bausatz festgeschrieben ist. Das macht die Sache noch komplizierter.

Diese neue Ausgangslage ist auch einer der Gründe, warum Stress und Burnout in den letzten Jahren massiv zugenommen haben (Crummenerl et al., 2020; Galliker et al., 2022) und weiter stark zunehmen. Jetzt zusätzlich bei jungen Leuten, die eigentlich noch ihr ganzes Arbeitsleben vor sich haben. Wir haben ein Stück weit das Mittelmaß verloren und sind in unserer eigenen Schweinwelt gefangen.

Unsere Stressbelastung steigt, weil wir in unsicheren Zeiten leben und die damit einhergehenden Aufgabenstellungen an das Arbeits- und Privatleben nicht mehr konstruktiv zu bewältigen sind. So entsteht massiver Distress.

Negativer Stress entsteht also, wenn wir uns überfordert fühlen. Das passiert sehr oft schleichend, wir merken nicht sofort, wie hoch das Stresslevel wirklich ist. Wenn die Erkenntnis kommt, kann sich dies mitunter frustrierend anfühlen, weil keine absehbare Lösung für die zu bewältigende Aufgabe in Sicht ist.

Unmittelbare körperliche Reaktionen beziehungsweise Auswirkungen dieser Art von Stress können unter anderem Bluthochdruck, Verdauungsprobleme, Anstieg des Blutzuckerspiegels, schnelles Atmen und eine erhöhte Muskelspannung sein (◼ Abb. 4.2) (Chu et al., 2021). Verhaltens- und erlebensbedingte Symptome, die mit Stress zusammenhängen, sind zum Beispiel vermehrtes Rauchen (Wills et al., 2002), verändertes Essverhalten (Epel et al., 2001), weniger Pausen während der Arbeit (Phan & Beck, 2023) oder Angsterleben (Rodrigues et al., 2009).

4

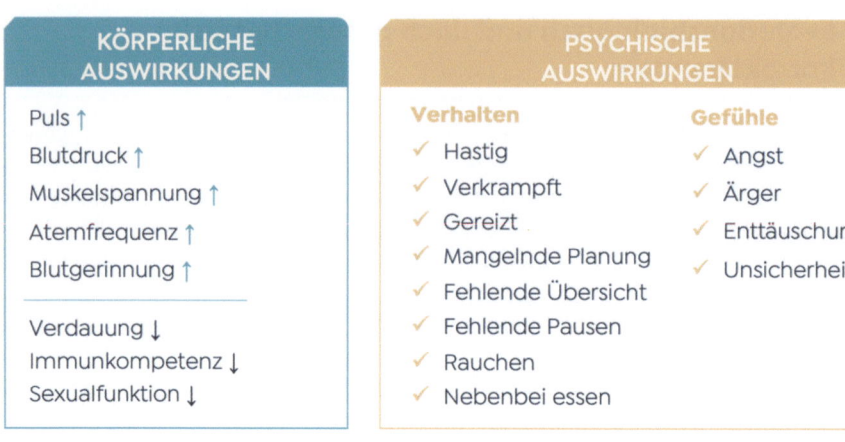

☑ Abb. 4.2   Mögliche körperliche und psychische Auswirkungen von negativem Stress (Gauer Consulting), (Quelle: Eigene Darstellung)

4.3   Risikobereich Büro – Eine Entwicklung

Ein Rückblick auf die vergangenen zweieinhalb Jahre zeigt deutlich: Die Stressoren, die uns umgeben, haben das Ausmaß einer Krise mit verheerenden ökonomischen, finanziellen und gesundheitlichen Folgen. Wir entwickeln uns immer mehr hin zu einer starken Dienstleistungsgesellschaft und wiegen uns in falscher Sicherheit. Immer weniger Menschen arbeiten in Hochrisikobereichen, wie Bau oder Industrie, was nebst anderen Faktoren dazu beigetragen hat, dass die Zahl der Arbeitsunfälle in den letzten Jahren deutlich zurückgegangen ist. Gemäß Zahlen der Unfallversicherung (UVG) in der Schweiz ist das Berufsunfallrisiko seit 1985 um 45 % gesunken. Das Risiko eines tödlichen Arbeitsunfalls ist gar um 60 % zurückgegangen (UVG Unfallversicherung, 2022).

Sicheres Büro, gefährliche Industrie? Ganz so einfach ist die Sache allerdings nicht. Denn im Büro lauern völlig andere Gefahren, die seit Jahren unterschätzt werden und sich auch stark auf Führungsmöglichkeiten und Führungsqualitäten auswirken.

Das Problem ist nicht physischer, sondern psychischer Natur. Und die Zahlen sprechen eine deutliche Sprache: Arbeitsausfälle aufgrund psychischer Erkrankungen erreichen im Jahr 2022 einen neuen Höchststand. Auch Arbeitsunfähigkeiten als Resultat psychischer Erkrankungen sind zwischen 2012 und 2022 stark gestiegen (DAK, 2023).

Die Corona-Pandemie hat die Situation noch massiv verschärft. Besonders stark betroffen sind junge Menschen (Stocker et al., 2020). Ein nicht zu unterschätzendes Dilemma, das sich hier auftut. Mit dem Fachkräftemangel durch die Babyboomer, die langsam in die Pension drängen, verschärft sich der Engpass schon aus einer natürlichen Problematik heraus. Wenn dann noch die gesundheitlichen Ausfälle der nachfolgenden Generation hinzukommen, dann haben wir die Kacke am Dampfen.

4.4 Die Stressoren vor Augen

Durch die Implementierung unterschiedlicher Arbeitszonen, die unterschiedlichen Aktivitäten dienen, fördern Multispace-Büros die Mobilität. Durch die neue Dynamik entstehen aber auch neue Stressfaktoren. Andererseits wird mit der neuen Dynamik, dem offenen Raum und der Mobilität die Konstellation der Privatsphäre bietenden Räume neu definiert. Kurz gesagt: Open-Space-Büros fördern sowohl das Bedürfnis nach Privatsphäre als auch das Bedürfnis nach sozialer Interaktion. Diese scheinbar widersprüchliche Aussage wird durch die Tatsache gerechtfertigt, dass offenere Bürostrukturen den Einzelnen mehr der Welt „aussetzen", die Dynamik des Ortes aber den Wunsch nach mehr sozialer Interaktion verstärkt (Haans et al., 2007).

Das geht mit der Idee von New Work einher: Der Arbeitsplatz wird zunehmend zu einem Ort der sozialen Interaktion. Aufgrund dieser neuen Entwicklung und der räumlichen Struktur sind die am häufigsten genannten Stressoren in Multispace-Büros:

- Bürolärm (Lai et al., 2021).
- Verminderte Privatsphäre (Kim & De Dear, 2013) und fehlende Rückzugszonen (Becker et al., 2019).
- Geringere Vertraulichkeit (Becker et al., 2019).
- Vermehrte Störung durch andere (Becker et al., 2019).
- Gefühl der Depersonalisierung und des niedrigen Status (Morrison & Smollan, 2020).
- Visuelle Ablenkung (Morrison & Smollan, 2020)
- Probleme mit dem Klima/der Luftqualität (Becker et al., 2019).

Diese Stressoren können die Bewältigung aktueller Arbeitsanforderungen beeinträchtigen, was wiederum bereits vorhandene Stressoren und Arbeitsanforderungen verstärken und verschlimmern kann. Grundsätzlich habe ich die Erfahrung gemacht, dass ein geringes Maß an Privatsphäre die negativen Folgen von Stress verstärken kann, während ein hohes Maß an Privatsphäre dazu beiträgt, Erschöpfung und Stress eher entgegenzuwirken. Das gilt natürlich nicht im Sinne eines Universalkonzeptes für alle Mitarbeitenden. So wie das Entstehen von Stress von persönlichen Merkmalen abhängt, ist also auch das Bedürfnis nach Privatsphäre ein Faktor, der von persönlichen Eigenschaften bestimmt wird.

Das Auftreten potenzieller Stressoren ist unabhängig von der individuellen Bewertung, aber Führungskräfte müssen berücksichtigen, dass die *Bewertung* dieser Stressoren einer persönlichen Einschätzung unterliegt, die wiederum von persönlichen Merkmalen abhängig ist. Andererseits entstehen Stressoren in Multispace-Büros hauptsächlich durch soziale Interaktionen in einer Umgebung, die dynamischer und offener ist als in traditionellen Büros (siehe Auflistung oben). Dies bedeutet, dass Stressoren unabhängig vom Individuum angegangen und durch die Implementierung von Regeln auf organisatorischer Ebene reduziert werden können. Stressoren verursachen bei den Mitarbeitenden negative Emotionen und können zu Leistungseinbußen auf individueller und organisatorischer Ebene führen (LeBlanc, 2009).

4.5 Wir überholen uns selbst

Der Mensch ist das Ergebnis einer langen Evolution, bei der sich innerhalb eines biologischen Rahmens eine geistige und kulturelle Entwicklung vollzogen hat. Obwohl es biologische Prägungen gibt, bieten sie kulturell gestaltbare Handlungsspielräume, die jedoch nicht unbegrenzt sind.

Ein Beispiel hierfür ist die angeborene Abneigung gegenüber Fremden, die bereits bei Kleinkindern neurologisch nachweisbar ist. Fachsprachlich wird diese auch als Achtmonatsangst bezeichnet (Spitz & Cobliner, 1969). Trotz diesem Umstand haben wir die Fähigkeit entwickelt, in Harmonie mit Menschen unterschiedlicher Ethnien zu leben, sie zu respektieren und zu schätzen. In Zeiten der Not können ethnische Unterschiede jedoch schnell zu eskalierenden Konflikten führen. Es ist von Bedeutung zu verstehen, dass je weiter sich kulturelle Verhaltensmuster von unseren spontanen Neigungen entfernen, desto zeitaufwendiger und anstrengender wird ihr Erwerb, und desto fragiler wird das Muster. Je mehr unsere Lebensweise von unserem natürlichen Verhalten und unseren Bedürfnissen abweicht, desto fragiler und erschöpfender wird unser Leben insgesamt, und desto wahrscheinlicher treten psychische Beschwerden auf.

Auch das ist ein Puzzleteil, das zur Erklärung beiträgt, warum Burnout und Erschöpfungsdepressionen in den letzten Jahren enorm zugenommen haben (Crummenerl et al., 2020; Galliker et al., 2022), obwohl wir immer mehr moderne, schön gestaltete und zum Teil auch sehr teure Büroumgebungen haben. Alles wird offener und transparenter, der Mensch kann sich nicht mehr zurückziehen und durchatmen. Sehr oft auch nicht zu Hause oder in der Gesellschaft selbst, weil sie durch viele Ereignisse der jüngsten Vergangenheit aufgewühlt ist. Und diese machen etwas mit uns.

Es gibt eine zunehmende Zahl von Berichten über Krisensituationen, die immer tiefere Ebenen unseres menschlichen Daseins betreffen und das in immer kürzeren Intervallen. Was also können wir tun?

Menschen benötigen Kontakt zur Natur und ausreichende körperliche Aktivität. Dennoch ziehen sich immer mehr Menschen in Städte oder digitale Welten zurück, was zu Bewegungsmangel und einer Zunahme von Übergewicht führt. So zeigen auch Studien, dass eine intensive Freizeitbeschäftigung mit Computern und dem Internet mit Übergewicht positiv zusammenhängt (Vandelanotte et al., 2009). Immer mehr Kinder sind nicht mehr in der Lage zu schwimmen oder einfache körperliche Aktivitäten auszuführen, was zu Vernachlässigung ihrer physischen Gesundheit führt.

Weiter müssen wir unerwünschte Aspekte unserer Psyche so weit wie möglich kontrollieren. Die menschliche Psyche enthält Verhaltensmuster, die in der Frühgeschichte einen Überlebenswert hatten, in unserer heutigen Kultur jedoch kontraproduktiv sind, wie zum Beispiel Machtmissbrauch und Aggressivität. Die Menschheit hat im Laufe der Geschichte immer wieder versucht, sich weiterzuentwickeln, alte Muster zu überwinden und die Selbstkontrolle zu stärken. Es ist dennoch wichtig, auch in diesem Zusammenhang vorsichtig zu sein, da unter stressigen Bedingungen oder in Momenten spontaner Ausgelassenheit gelegentliche Ausrutscher toleriert werden sollten. Das Streben nach völliger Fehlerfreiheit würde eine ermüdende Anstrengung zur Selbstkontrolle bedeuten und letztendlich einem die Lebensfreude rauben.

4.6 Resilienz bedeutet auch realistisch sein

In neuen Arbeitswelten ist es wichtig in Abhängigkeit der Thematik zwischen Realismus und Optimismus zu unterscheiden. Resiliente Individuen zeichnen sich durch eine nüchterne Betrachtung jener Realitätsaspekte aus, die für das Bewältigen der Herausforderungen in diesem Umfeld entscheidend sind. Sie hegen keine Illusionen, sondern sind in der Lage, zwischen beeinflussbaren und nicht beeinflussbaren Faktoren zu unterscheiden (Klohnen, 1996).

Wir erleben momentan in der Gesellschaft eine, von meinem Standpunkt betrachtet, zu emotionale Dialogform. Wir argumentieren nur noch emotional und nicht auf der Sache aufbauend. Letzteres „unwoke" und nicht gesellschaftsfähig abgecancelt. Dabei braucht man diese Unterscheidung, um Resilienz nachhaltig aufzubauen und für sich sinnvoll einzusetzen.

In einer sich wandelnden Arbeitswelt mit all ihren Herausforderungen ist es zwar hilfreich, Optimismus zu fördern, der sich auf eine „Es-Geht-Haltung" konzentriert, um eine „demoralisierte" Belegschaft zu motivieren. Dennoch ist es für die Entwicklung von Strategien und die Umsetzung von Maßnahmen von entscheidender Bedeutung, einen nüchternen, ja manchmal fast pessimistischen Realitätssinn zu bewahren. Es ist mir aber wichtig zu erwähnen, dass Realismus keineswegs bedeutet, Risiken dramatisch zu überzeichnen. Dies steht im Gegensatz zu Stresstyp-Mustern, die von Hektik, Übertreibung und Klagen geprägt sind. Realistische Menschen neigen nicht dazu, aus kleinen Problemen große Katastrophen zu machen oder sich selbst in Stress-Szenarien hineinzureden. Ein realistischer Ansatz schließt auch einen angemessenen sozialen Vergleich ein.

Ein Beispiel hierfür wäre jemand, der eine ausgezeichnete Kantine zur Verfügung hat, sich jedoch kontinuierlich über das Essen beschwert oder die Farben in einer Besprechungskoje kritisiert, anstatt die Funktionalität der Einrichtungen zu nutzen. Solche Reaktionen sind nicht realistisch und doch kennt sie jeder von uns, nicht wahr?

Ich habe die Erfahrung gemacht, dass, über Veränderungen in Unternehmen gesprochen wird, als wären sie an sich schon eine Katastrophe. Das hat – und das muss ich selbst ebenfalls zugestehen – auch mit dem teilweisen nicht zielführenden Change-Management zu tun. Denn viele Unternehmen glauben, Change-Management und Fotografieren kann ja eh jeder.

Was aber Faktum ist, und das erlebe ich in jedem Projekt: Neue Arbeitswelten können bei vielen Menschen Panik oder Unverständnis auslösen, und es kann den Anschein haben, als würden sie gegen ihren Willen in diese Veränderungen hineingedrängt. Das hat damit zu tun, dass diese Art von Change-Projekten leider völlig unterschätzt werden. Dort wo man andernorts Gas gibt mit Angst und Panik, werden die Workplace-Change-Initiativen massiv heruntergespielt. Eben weil man der

Meinung ist, dass es entweder ein Umzugsprojekt ist oder man ja eh so eine schöne neue Arbeitswelt bekommt, da kann man nicht anders als überglücklich und dankbar sein.

Von einer Resilienzperspektive aus betrachtet, ist es jedoch nicht ratsam, die Mitarbeitenden in Veränderungsprozessen über die Risiken im Unklaren zu lassen, was man bei Workplace-Initiativen oft tut (Allen et al., 2007). Warum? - Weil sich die Projektverantwortlichen selbst nicht bewusst sind, welche Büchse sie öffnen. Es ist unangebracht, sie mit falscher Beruhigung oder ungenauen Informationen zu täuschen oder sie zu verleiten, faktische Nachteile als Chancen zu sehen. Führungskräfte sollten ihre Mitarbeitenden stattdessen mit umfassenden Informationen dazu ermutigen, den Blick über den Tellerrand hinweg zu werfen und auf dem Boden der Realität zu bleiben. Dies ist besonders in der neuen Arbeitswelt von entscheidender Bedeutung. Denn, der große Hammer kommt – da müssen wir uns nichts vormachen. Die Frage ist mehr, wie gehen wir damit um?

-. Meistens, indem man eine Vorbereitung auf den „Worst Case" und eine Vermeidung von Verharmlosungen oder Überschätzungen von Risiken vornimmt. Schlüsselfragen in diesem Zusammenhang sind: Verstehe ich wirklich die Realität meiner Situation und bin ich bereit, Schutzbehauptungen aufzugeben und negative Emotionen zu ertragen? Weiß ich, was von mir erwartet wird und welche Anforderungen die Situation stellt? Habe ich realistische Erwartungen oder sind meine Ansprüche überzogen?

4.7 Der Umgang mit Stressoren – Die Theorie

Der Umgang mit Stressoren am Arbeitsplatz wird in der wissenschaftlichen Literatur häufig diskutiert. Ausgangspunkt dieser Diskussion bilden zwei grundlegende Stresstheorien.

Einerseits erklärt das Job-Demands-Ressources-Modell, dass die Gesundheit von Mitarbeitenden eine Balance zwischen Arbeitsressourcen und der Arbeitsbeanspruchung darstellt. Eine negative Balance zeichnet sich dabei durch eine hohe Beanspruchung und eine geringe Verfügbarkeit von Ressourcen aus. Dies kann unter anderem zu Burnout oder anderen negativen gesundheitlichen Folgen führen. Eine positive Balance hingegen kann zu mehr Engagement und erhöhter Arbeitsleistung führen (Schaufeli & Bakker, 2004).

Weiter beschreibt die Transaktionale Stresstheorie, welche mentalen Prozesse das Auftreten eines Stressors auslösen. Potenzielle Stresssituationen können in einer ersten Situationsbewertung als Bedrohung, aber auch als Herausforderung interpretiert werden. Eine Herausforderung setzt zwar Ressourcenmobilisation voraus, fokussiert aber auf das Wachstumspotenzial einer Situation. Bei einer Bedrohung hingegen wird ein Schaden erwartet. Auf diese erste Bewertung folgt eine zweite, in der die Machbarkeit der Situation beurteilt wird. Teil dieser zweiten Bewertung ist es, herauszufinden, welche Strategien oder Ressourcen für das Lösen der Situation zur Verfügung stehen. Darüber hinaus stellen sich die Fragen, ob die vorhandenen Mittel zur Situation passen und wie hoch die Wahrscheinlichkeit ist, dass das gewünschte Resultat erzielt wird. Wenn eine Situation als gefährlich eingestuft wird und die notwendigen Ressourcen zur Bewältigung fehlen, kann dies Stress auslösen (Lazarus & Folkman, 1984).

4.8 Der Stressthematik aktiv begegnen

Um in einer flexiblen Arbeitswelt leistungsfähig und gesund zu bleiben, gleichzeitig aber auch den Anforderungen einer modernen Gesellschaft mit ihren Ansprüchen gerecht zu werden, müssen Unternehmen und ihre Botschafter, die Führungskräfte, vermehrt entsprechende Probleme erkennen, adressieren und aktiv bearbeiten.

4.9 Der Umgang mit Stressoren – Ein Ansatz

Basierend auf diesen Annahmen hat Gauer Consulting ein Rahmenprogramm (◘ Abb. 4.3) entwickelt, das Teile der erwähnten Stresstheorien mit pandemiebezogenen Stressoren sowie organisationalen Einflüssen und Konsequenzen verbindet und somit Praktikern ein effizientes Instrument zur Verfügung stellt.

Der Ansatz geht davon aus, dass unterschiedliche Stressoren auch aus der Pandemiesituation resultieren können (Entringer, 2022). Die persönliche Einschätzung ist abhängig von eigenen Erfahrungen, der Persönlichkeit, dem Wissen und der persönlichen Einstellung. Daher ist jede Auseinandersetzung auch individuell und nicht auf alle Menschen übertragbar.

Stressoren können, je nach Interpretation einer potenziell stressigen Situation und den möglichen und gewählten Coping-Strategien, entweder zu positiven oder

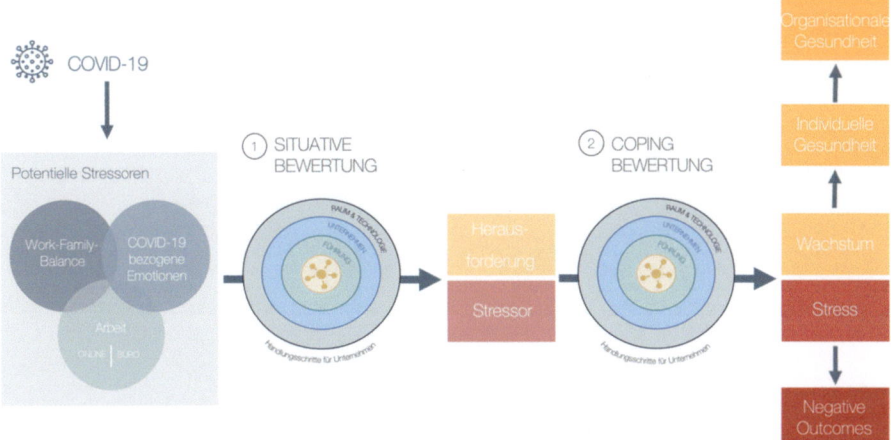

◘ **Abb. 4.3** Rahmenprogramm der ganzheitlichen Gesundheit in Unternehmen. Ein praxisorientiertes Rahmenprogramm von Gauer Consulting, welches stresstheoretische und pandemiebezogene Aspekte mit organisationalen Einflüssen und Konsequenzen verbindet (Gauer Consulting), (Quelle: Eigene Darstellung)

negativen Ergebnissen führen. Konkret bewerten Menschen zuerst, ob eine Situation als schädlich, also als Stressor, oder als Herausforderung interpretiert wird. Dies geschieht meist intuitiv und stellt damit eine nicht zu unterschätzende Fehlerquelle dar, da Entscheidungen oft stark von der eigenen Befindlichkeit beeinflusst werden. Diese intuitive Bewertung gilt es nun in eine geführte Bewertung umzuwandeln. Denn nur so ist es möglich, in einem zweiten Schritt festzustellen, ob man über die passenden Ressourcen zur Bewältigung des Stressors oder der Herausforderung verfügt (Lazarus & Folkman, 1984).

Ist dies der Fall, besitzt eine Situation die Eigenschaft, persönliches Wachstum anzuregen und langfristig die persönliche und organisationale Gesundheit zu unterstützen. Ist dies nicht der Fall, wird eine Situation höchstwahrscheinlich Stress auslösen und zu negativen Ergebnissen wie mangelhafter Leistung oder schlechter Gesundheit führen.

Veränderungen auf Unternehmensebene, einschließlich räumlicher, technischer und struktureller Veränderungen, sowie die Einführung von Coaching oder Führungsmaßnahmen können dazu beitragen, beide Bewertungsprozesse in die gewünschte Richtung zu lenken.

■ **Konkrete Handlungsschritte für Unternehmen**

Durch die Anwendung des Rahmenprogramms erhalten Nutzende Einblick in die Umsetzung konkreter Maßnahmen (◘ Abb. 4.4). Diese Handlungsschritte werden in folgende Kategorien unterteilt: Lösungen, die Führungspersonen betreffen (Mikroebene), Maßnahmen, die das Unternehmen umsetzen kann (Mesoebene), und Veränderungen in der Kategorie „Raum & Technologie". Diese legt einen neuen Fokus auf technische, räumliche und grundstückbezogene Lösungen, die den Arbeitsplatz als Basis effizienter Arbeit repräsentieren.

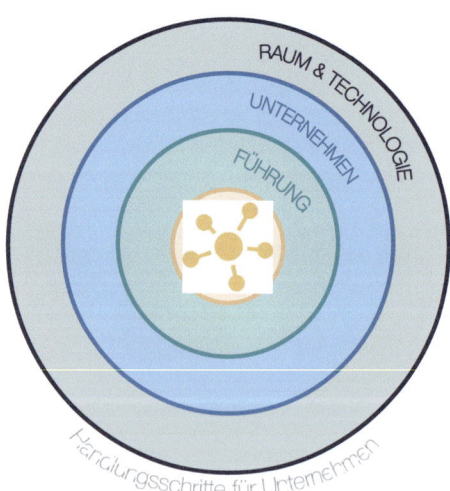

◘ **Abb. 4.4**   Konkrete Handlungsschritte für Unternehmen, basierend auf dem Rahmenprogramm der ganzheitlichen Gesundheit in Unternehmen (◘ Abb. 4.3) (Gauer Consulting), Eigene Darstellung

- **Veränderungen in der Kategorie „Raum und Technologie"**

Ein funktionales Umfeld setzt den Grundstein für das erfolgreiche Erledigen von Aufgaben. Im Homeoffice oder im Büro sollten daher alle Mitarbeitenden gut ausgerüstet sein: mit der richtigen Hardware wie leistungsstarken Laptops und Arbeitstelefonen sowie mit arbeitsbezogener (zum Beispiel SAP, Microsoft Office, SPSS) oder wissensbezogener Software (wie Wikis, Webinare, E-Books). Kommunikation spielt in dieser Kategorie eine wichtige Rolle. E-Mails als primäres Kommunikationsmittel sind ineffizient und führen zu großen Zeitverlusten. Es lohnt sich daher, in ein umfassendes Gesamtkonzept zu investieren, das kurze Telefonate und Chat-Nachrichten in den Alltag integriert.

Besonders wichtig in Bezug auf den Raum sind die funktionale Gestaltung und die aktive Integration des Arbeitens im Homeoffice. Dabei sollte ein Unternehmen die Trennung von Arbeits- und Freizeitzone, eine adäquate Lichtdurchflutung (Hedge, 2000) und ergonomische Maßnahmen (Hedge, 2000) thematisieren.

Doch auch in den Büroräumlichkeiten lassen sich viele Änderungen vornehmen, die nicht nur die Effizienz, sondern auch das Wohlbefinden der Mitarbeitenden nachhaltig stärken. Besonders das Multispace-Konzept unterstützt unterschiedliche Arbeitsweisen und innovative Arbeitsstrukturen: Das Wohlbefinden ist bis zu 8–18 %, die Motivation bis zu 9–17 % und die Performance bis zu 5–17 % höher als bei anderen Büroformen (Jurecic, 2020).

Im Gegensatz zum Großraumbüro zeichnet sich das Multispace-Konzept durch eine große Vielfalt aus. Es besteht sowohl aus Einzel- und Gruppenbüros als auch aus Austausch- und Erholungszonen sowie Fokusarbeitsplätzen. Zudem profitieren Mitarbeitende im Multispace von mehr Rückzugszonen als in anderen Strukturen. Dies mag erstaunen, doch der zentrale Unterschied liegt darin, dass Rückzugszonen im Multispace spezifisch geplant und genutzt werden. In kleinen Strukturen mit mehrheitlich Einzel- oder Zweierbüros gibt es wenig Möglichkeiten, zu signalisieren, dass man gerade konzentriert arbeiten möchte. Wer sich aber an einen Fokusarbeitsplatz setzt, macht klar, dass aktuell keine Störung erwünscht ist.

Auch die Zusammenarbeit profitiert vom Multispace-Konzept: Studien zeigen, dass die gelebte Zusammenarbeit im Multispace um rund sechs Prozent höher ist als im Einzelbüro (Haner & Wackernagel, 2018). Zudem verkürzen sich Kommunikationswege, und Besprechungszonen stellen den Austausch ins Zentrum, was wiederum die Effizienz und Performance von Meetings verbessert.

Im Zusammenhang mit Multispace gewinnt auch Desk-Sharing an Bedeutung. Viele Unternehmen setzen Desk-Sharing jedoch mit der falschen Intention ein: Sie versuchen, Räumlichkeiten abzubauen, um Raumkosten zu sparen. Besser wäre, die durch Desk-Sharing gewonnenen Flächen mit neuen Möglichkeiten des Multispace zu bespielen, zum Beispiel mit zusätzlichen Austausch- und Rückzugszonen, um den Mitarbeitenden damit eine vielfältige und abwechslungsreiche Arbeitswelt zu bieten.

Es muss zur Kenntnis genommen werden, dass große technologische und strukturelle Veränderungen auch ein Umdenken in Bezug auf Arbeitsprozesse und Zusammenarbeit mit sich bringen. Diese Veränderungen führen zu Neuerungen in höheren Ebenen, wie zum Beispiel der Organisationsstruktur und -kultur (Wörwag & Cloots, 2020). Wichtig dabei ist, dass die Räumlichkeiten an die Bedürfnisse der

Mitarbeitenden und des Unternehmens angepasst werden. Change-Manager müssen daher in größere organisationale Prozesse eingebunden werden, um die bestmögliche Passung zwischen Person und Raum zu erreichen. Die wichtigste Prämisse lautet deshalb: Richten Sie Ihre Aufmerksamkeit auf die Mitarbeitenden und nicht auf die Räume!

4.10 Was bedeutet das für die Führung?

Führungskräfte stehen vor massiv veränderten Herausforderungen. Die Welt verändert sich schneller als wir mit ihr Schritt halten können, was sich stark auf unsere Arbeits- und Lebenswelten auswirkt. Gemäß dem Job-Stress-Index haben in der Schweiz Absenzen aufgrund stressbedingter Belastungsstörungen zwischen 2013 und 2019 um 70 % zugenommen. Zusätzlich leiden 30,3 % der Erwerbstätigen unter Erschöpfungszuständen. Wirtschaftlich gesehen sprechen wir von einem volkswirtschaftlichen Verlust von 6,5 Mrd. Franken pro Jahr. Das ist mal eine Ansage! (Galliker et al., 2022).

Wir müssen diese Entwicklung aus zwei Perspektiven heraus betrachten. Ansprüche an Führungskräfte haben sich enorm verändert, sie sollen nicht mehr zu hierarchisch orientiert sein, nicht zu machthungrig, nicht zu besserwisserisch, nicht zu hohe Anforderungen an ihre Mitarbeitenden stellen, etc. Auf der anderen Seite sollen sie fair, inklusiv, vorurteilsfrei, unterstützend, emotional intelligent, etc. sein. Führungskräfte müssen heutzutage auch volle Verantwortung für die Menschen in ihrem Team übernehmen, nicht nur für die Arbeit, die zu leisten ist.

Literatur

Allen, J., Jimmieson, N. L., Bordia, P., & Irmer, B. E. (2007). Uncertainty during organizational change: Managing perceptions through communication. *Journal of Change Management, 7*(2), 187–210.

Becker, C., Kratzer, N., & Lanfer, S. S. L. (2019). Neue Arbeitswelten: Wahrnehmung und Wirkung von Open-Space-Büros. *Arbeit, 28*(3), 263–284.

Charmandari, E., Tsigos, C., & Chrousos, G. (2005). Endocrinology of the stress response. *Annual Review of Physiology, 67*, 259–284.

Chu, B., Marwaha, K., Sanvictores, T., & Ayers, D. (2021). Physiology, stress reaction. In *StatPearls* [Internet]. StatPearls Publishing.

Crummenerl, C., Paolini, S., Perronet, C., Lamothe, I., Ravindranath, S., Schastok, I., Buvat, J., Manchanda, N., Aggarwal, G., & Chakraborty, A. (2020). The future of work: From remote to hybrid. Capgemini Research Institute. Luettavissa: https://www.capgemini.com/fi-en/wp-content/uploads/sites/27/2020/12/Report-The-Future-of-Work.pdf. Luettu, 2. Zugegriffen am 21.12.2023.

DAK. (2023). Psychreport 2023. Entwicklungen der psychischen Erkrankungen im Job: 2012–2022. https://caas.content.dak.de/caas/v1/media/32628/data/3983614e98a936fe7d7dd70f3dac2e73/dak-psychreport-ergebnis-praesentation.pdf. Zugegriffen am 21.12.2023.

Entringer, T. (2022). *Epidemiologie von Einsamkeit in Deutschland*. Institut für Sozialarbeit und Sozialpädagogik eV Kompetenznetz Einsamkeit.

Epel, E., Lapidus, R., McEwen, B., & Brownell, K. (2001). Stress may add bite to appetite in women: A laboratory study of stress-induced cortisol and eating behavior. *Psychoneuroendocrinology, 26*(1), 37–49.

Galliker, S., Igic, I., Elfering, A. K., & Simmer, N. (2022). Job-Stress-Index 2022. Monitoring von Kennzahlen zum Stress bei Erwerbstätigen in der Schweiz. Gesundheitsförderung Schweiz.

Haans, A., Kaiser, F. G., & de Kort, Y. A. (2007). Privacy needs in office environments: Development of two behavior-based scales. *European Psychologist, 12*(2), 93–102.

Haner, U., & Wackernagel, S. (2018). Kurzbericht zur Studie „Wirksame Büro-und Arbeitswelten" – Ausgewählte Erfolgsfaktoren für eine wirksame Gestaltung von Büro-und Arbeitswelten. Stuttgart: Fraunhofer IAO. https://publica.fraunhofer.de/eprints/urn_nbn_de_0011-n-4941837.pdf. Zugegriffen am 21.12.2023.

Hedge, A. (2000). Where are we in understanding the effects of where we are? *Ergonomics, 43*(7), 1019–1029.

Jurecic, M. (2020). Gut zu wissen: Die Wirkung von Büroumgebungen auf unterschiedliche Arbeitstypen. *Zukunft der Arbeit – Perspektive Mensch: Aktuelle Forschungserkenntnisse und Good Practices*, 331–340.

Kim, J., & De Dear, R. (2013). Workspace satisfaction: The privacy-communication trade-off in open-plan offices. *Journal of Environmental Psychology, 36*, 18–26.

Klohnen, E. C. (1996). Conceptual analysis and measurement of the construct of ego-resiliency. *Journal of Personality and Social Psychology, 70*(5), 1067–1079.

Lai, L. W., Chau, K., Davies, S. N., & Kwan, L. M. (2021). Open space office: A review of the literature and Hong Kong case studies. *Work, 68*(3), 749–758.

Lazarus, R. S., & Folkman, S. (1984). *Stress, appraisal, and coping*. Springer publishing company.

LeBlanc, V. R. (2009). The effects of acute stress on performance: Implications for health professions education. *Academic Medicine, 84*(10), S25–S33.

Morrison, R. L., & Smollan, R. K. (2020). Open plan office space? If you're going to do it, do it right: A fourteen-month longitudinal case study. *Applied Ergonomics, 82*, 102933.

Phan, V., & Beck, J. W. (2023). Why do people (not) take breaks? An investigation of individuals' reasons for taking and for not taking breaks at work. *Journal of Business and Psychology, 38*(2), 259–282.

Rodrigues, S. M., LeDoux, J. E., & Sapolsky, R. M. (2009). The influence of stress hormones on fear circuitry. *Annual Review of Neuroscience, 32*, 289–313.

Schaufeli, W. B., & Bakker, A. B. (2004). Job demands, job resources, and their relationship with burnout and engagement: A multi-sample study. *Journal of Organizational Behavior, 25*(3), 293–315.

Selye, H. (1976). *Stress in health and disease*. Butter worths's.

Selye, H. (1978). *The stress of life*, rev. McGraw Hill.

Spitz, R. A., & Cobliner, G. (1969). *Vom Säugling zum Kleinkind: Naturgeschichte der Mutter-Kind-Beziehungen im ersten Lebensjahr.*

Stocker, D., Jäggi, J., Liechti, L., Schläpfer, D., Németh, P., & Künzi, K. (2020). Der Einfluss der COVID-19-Pandemie auf die psychische Gesundheit der Schweizer Bevölkerung und die psychiatrisch-psychotherapeutische Versorgung in der Schweiz. Erster Teilbericht, 2.

UVG Unfallversicherung. (2022). Koordinationsgruppe für die Statistik der Unfallversicherung UVG (KSUV) c/o SUVA.

Vandelanotte, C., Sugiyama, T., Gardiner, P., & Owen, N. (2009). Associations of leisure-time internet and computer use with overweight and obesity, physical activity and sedentary behaviors: Cross-sectional study. *Journal of Medical Internet Research, 11*(3), e1084.

Wills, T. A., Sandy, J. M., & Yaeger, A. M. (2002). Stress and smoking in adolescence: A test of directional hypotheses. *Health Psychology, 21*(2), 122.

Wörwag, S., & Cloots, A. (2020). *Zukunft der Arbeit – Perspektive Mensch*. Springer.

Effizienzkiller entdecken

Inhaltsverzeichnis

© Der/die Autor(en), exklusiv lizenziert an Springer-Verlag GmbH, DE, ein Teil von Springer Nature 2024
S. Gauer, *Führen im Zeitalter neuer Arbeitswelten*, https://doi.org/10.1007/978-3-662-68538-9_5

5.1 Ständige Unterbrechungen

Allein 58 Mrd. € gehen pro Jahr verloren, weil Beschäftigte in wissensintensiven Berufen dauernd in ihrem Arbeitsablauf unterbrochen werden (Starker et al., 2022).

Studien haben ergeben, dass es pro Arbeitsstunde durchschnittlich zu 15 Unterbrechungen kommt, also alle vier Minuten. Da man sich jedes Mal neu auf die Arbeit konzentrieren muss, braucht man für die Erledigung einer Aufgabe – je nach Komplexität – 15–24 % mehr Zeit als sonst. Das ergibt drei volle Arbeitstage pro Monat, die nur durch Unterbrechungen verloren gehen (Starker et al., 2022).

Man kann das sogar ganz einfach selbst beobachten, denn jeder Impuls, der die Aufmerksamkeit von dem ablenkt, was man gerade tut, sei es von außen durch Messenger-Dienste oder durch den eigenen Blick auf das Handy – all das sind Unterbrechungen.

Mittlerweile ist empirisch bewiesen, dass die Fragmentierung und der Stress umso größer ausfallen, je höher der Digitalisierungsgrad ist. Das bestätigt die Vermutung, dass viele Unternehmen Tools nur anhäufen, statt sie klug und sinnvoll einzusetzen. Chat-Anwendungen wie Slack oder MS Messenger sollten beispielsweise die E-Mail-Flut reduzieren. Entstanden ist aber bloß ein zusätzlicher Overflow. Und die E-Mail-Flut ist keineswegs verebbt, im Gegenteil - am häufigsten wird die Arbeit durch E-Mails unterbrochen, im Schnitt 3,3-mal pro Stunde. Nur in Unternehmen, in denen Chat-Dienste oder Projektmanagement-Apps für die interne Kommunikation genutzt werden, wurden E-Mails als Störfaktor auf den zweiten Platz verdrängt (Starker et al., 2022).

Verändert hat sich die Art der Störung. Laut dem Microsoft Trendindex hat sich zwischen Februar 2020 und Februar 2021 die Zeit, die wir online in Microsoft Teams-Meetings verbringen global mehr als verdoppelt (2.5x) (Microsoft Corporation, 2021). Das hat dazu geführt, dass sehr viele Leute während der Meetings die Kamera ausschalten und versuchen, ihren Job parallel weiter zu erledigen. Dieses Multitasking aber verlangsamt uns, macht unproduktiv, erzeugt mittelmäßige Ergebnisse und vor allem Stress.

Die Produktivität sinkt überdurchschnittlich, weil Arbeitsprozesse ständig durch E-Mails unterbrochen werden. Immer häufiger leiden Angestellte unter dem Phänomen „E-Mail-Stress" – sie sind müde, frustriert und gereizt.

5.2 Technostress

Die Studie „Gesund digital arbeiten?!" beschäftigte sich mit digitalem Stress in Deutschland. Bei der Untersuchung wurden 5005 Erwerbstätige in einer Online-Studie befragt, die im beruflichen Kontext vorwiegend digitale Informationen verarbeiten. Die Forscher kamen zum Ergebnis, dass im Durchschnitt jeder achte Proband stark oder sehr stark bei digitalen Tätigkeiten von Belastungsfaktoren betroffen ist. Auffällig ist, dass diese Belastung tendenziell häufiger bei großen Unternehmen zu beobachten ist (Gimpel et al., 2019).

5.2.1 Die Gleichzeitigkeit und die Vielfalt sind ein gravierendes Problem

Befragte dieser Studie, die mit vielen verschiedenen Medien und Technologien arbeiten, diese aber selten nutzen, waren stärker von Belastungsfaktoren betroffen, als Erwerbstätige, die mit wenigen Medien und Technologien arbeiten, diese aber häufig verwenden. Digitaler Stress konnte in der Studie mit einem schlechteren allgemeinen Gesundheitszustand in Verbindung gebracht werden. Gimpel und Kollegen schlussfolgern weiter, dass Erschöpfung sowie kognitive und emotionale Irritation als Folge von digitalem Stress zunehmen. Digitaler Stress kann ebenfalls eine verringerte Arbeitszufriedenheit und Produktivität der Arbeitnehmer zufolge haben. In extremen Fällen kann digitaler Stress zu Positions- oder Berufswechsel der betroffenen Mitarbeitenden führen (Gimpel et al., 2019).

5.2.2 Technostress als Krankheitsbild

Bei einer Umfrage mit 444 Facebook-Nutzern wurde von Forschern der Zusammenhang von Technostress und Technologiesucht in Bezug auf die Nutzung sozialer Medien untersucht. Der Gebrauch von Informationstechnologie kann bei den Betroffenen Stress auslösen (Tarafdar et al., 2020).

Diese Form von Stress wird im genannten Kontext als Technostress bezeichnet. Forschungsergebnisse zeigen, dass der Konsum sozialer Medien mit dem Empfinden von Stress zusammenhängt. Vom Stress betroffene Personen reagieren auf stressige Situationen mit unterschiedlichem Bewältigungsverhalten. Diese verfolgen das Ziel, die Stresssituation zu umgehen. Im Stressfall, der durch eigene Aktivitäten in sozialen Medien hervorgerufen wird, ist ein gängiges Bewältigungsverfahren, dass die eigene Verwendung reduziert oder auch vollständig beendet wird.

5.2.3 Überraschende weitere Forschungsarbeit

Es gibt jedoch Forschungsergebnisse, bei denen Probanden den Konsum sozialer Medien fortsetzen, obwohl sich diese durch die Verwendung gestresst fühlen. Es wurden Menschen beobachtet, welche gestresst versuchten, ständig auf dem aktuellsten Stand in sozialen Medien zu bleiben und regelmässig auf Neuigkeiten zu reagieren. Gleichzeitig konnten sich die Benutzer trotz der Stresssituation nur schwer von sozialen Medien abwenden. Diese Forschungsergebnisse zeigen, dass durch soziale Medien gestresste Personen gleichzeitig süchtig danach sein können (Tarafdar et al., 2020).

Dieser Widerspruch, dass Stress mit Sucht beim Konsum sozialer Medien zusammenhängt, stellt die Forschung vor neue Herausforderungen.

5.3 Smartphones verschwenden unsere Gehirnleistung

Dank Smartphones ist fast jeder überall erreichbar – das Internet ist ein ständiger Begleiter und liefert Informationen, Nachrichten und Unterhaltungen mit Freunden. Deshalb nutzen wir das Handy auch so häufig und nehmen es überall mit, ob ins Restaurant, ins Café oder an den Strand.

Diese dauerhafte Verfügbarkeit hat aber Nachteile: Sie schmälert unsere kognitive Leistungsfähigkeit, also die gesamte Funktionsweise und Effektivität unseres Gehirns. Zum Beispiel wird unsere Aufmerksamkeit und Konzentration vermindert, wir erinnern uns schlechter, lernen langsamer oder sind schlicht unkreativ. Das zumindest fanden Forscher der University of Texas im Rahmen einer Studie mit 800 Probanden heraus (Ward et al., 2017).

5.3.1 Drei Gruppen untersucht

Die Forscher testeten in dieser Studie in zwei Experimenten, wie sich die Lage des Smartphones auf die Leistung des Gehirns auswirkt. Dafür unterteilten sie die 800 Probanden in drei Gruppen: Die Teilnehmer des ersten Teams legten ihre Smartphones auf den Tisch, Gruppe zwei trug sie in den Taschen, und die dritte Gruppe lagerte die Geräte in einem anderen Raum. Anschließend absolvierten alle Teilnehmer einen Test, mit dem die Wissenschaftler die kognitiven Fähigkeiten der Probanden prüften (Ward et al., 2017).

5.3.2 Überraschendes Resultat

Das Ergebnis: Diejenigen, die ihr Smartphone im anderen Raum hatten, schnitten deutlich besser ab als die beiden anderen Gruppen. Dabei war es laut den Forschern unerheblich, ob das Smartphone ein- oder ausgeschaltet war oder ob es mit dem Display nach oben oder nach unten auf dem Tisch lag (Ward et al., 2017).

5.3.3 Gehirnleistung wird verschwendet

Die Konzentrationsfähigkeit eines Menschen reduziert sich offenbar bereits, wenn sich ein Smartphone in Sicht- oder Reichweite befindet. Der Grund: Das Gehirn ist laut den Forschern der Studie aktiv damit beschäftigt, sich nicht vom Smartphone ablenken zu lassen, und verschwendet allein dafür einen Teil der vorhandenen kognitiven Leistung (Ward et al., 2017). Wer sein Hirn also mit interessanteren Dingen beschäftigen möchte, der sollte sich eine Pause vom Smartphone gönnen und seinen Liebling in einem anderen Raum verstauen.

5.4   Was bedeutet das für die Führung?

5.4.1   Für Führungskräfte

Effizienzkiller sind ernst zu nehmende Themen, mit denen wir als moderne Menschen ständig konfrontiert werden. Sehr oft werden diese Aspekte von Konzentrations- und Leistungsdefiziten auf die offeneren und flexibleren Bürostrukturen geschoben, weil es einfacher ist, diese dafür verantwortlich zu machen.

Als Führungskraft ist es besonders wichtig, sich dieser Effizienzkiller bewusst zu sein, weil man in doppelter Mission unterwegs ist. Zum einen als User, der man selbst ist, und zum anderen als Vorgesetzter. Es ist wichtig, sich selbst zu hinterfragen, wie man diese Effizienzkiller einsetzt, wie man mit diesen Themen umgeht und dass man sich bewusst wird, wie viel man selbst schon automatisiert hat, sodass man Stress gar nicht mehr als solchen wahrnimmt, weil das Suchtverhalten größer ist. Mittlerweile ist dieser Umstand auch eine Herausforderung für die Forschung und Psychologie geworden.

Erst wenn man sich selbst mit dem Thema auseinandergesetzt hat, ist es möglich, mit kleinen Verhaltensänderungen zu beginnen, indem man zum Beispiel bewusst automatische E-Mail-Benachrichtigungen ausschaltet oder diese nur noch drei Mal pro Arbeitstag checkt. Dass man die „Entschlossenheit" besitzt, die geliebten Mobiltelefone auch mal in einem anderen Zimmer abzulegen, und wer noch einen Schritt weitergehen möchte, sie sogar vollständig ausschaltet. Es ist nicht notwendig, jeden Aspekt des Lebens – ob beruflich oder privat – über soziale Netzwerke zu teilen. Man muss nicht jedes Gericht fotografieren und posten, noch muss man auf jeden Beitrag antworten oder alles liken.

All diese Dinge klingen sehr banal und einfach und sind doch so schwierig umzusetzen, wenn sie über mehr als nur einen guten Neujahrsvorsatz hinausgehen. Dranbleiben und sich ständig bewusst zu sein, was man wie tut - das ist ganz schön schwere und harte Arbeit.

5.4.2   Für die Mitarbeitende

Als vorgesetzte Person hat man wiederum eine andere Verantwortung, was die Effizienzkiller angeht, die man nur authentisch wahrnehmen kann, wenn man sich selbst immer wieder reflektiert. Das ist eigentlich das Schwierigste an dem Ganzen. Sehr oft habe ich in meiner Beratungstätigkeit festgestellt, dass es für Führungskräfte schon schwierig genug ist, sich selbst zu reflektieren, was aufgrund des hohen Workload oft sogar auf der Strecke bleibt. Wie soll man dann noch authentisch die Mitarbeitenden reflektieren?

Es gelingt eigentlich nur, indem man sich bewusst aus der Situation herausnimmt und mental sowie emotional Zeit investiert. Andere oder sogar sich selbst wahrzunehmen, wenn man selbst gestresst ist, ist nahezu unmöglich. Es dreht die Spirale noch weiter nach unten, weil man es erfolglos weiter versucht und nur scheitern kann.

Aber was *kann* man tun?

Ein erster Schritt ist es, diese Aspekte der Konzentrations- und Leistungsproblematiken aktiv in den Team-Meetings anzusprechen. Da werden Sie wahrscheinlich schon auf Verwunderung stoßen, weil auch das nicht üblich ist. Wir sprechen in unserer heutigen Arbeitsgesellschaft nicht mehr so gern über negative Themen oder setzen uns nur ungern mit kritischem Feedback auseinander. Das macht das Ganze zusätzlich schwierig, weil man auch hier die Balance finden muss zwischen Feedback geben und etwas Positivem bewirken.

Aber es ist auch wichtig, dass Sie gemeinsam im Team diskutieren und Lösungen suchen, um Performancelücken zu erkennen und teilweise zu schließen. Dies ersetzt nicht das Einzel-Performancegespräch. Diese Auseinandersetzung mit dem ganzen Team hat einen anderen Fokus. Wichtig dabei ist, dass im Team eine gewisse Vertrauensbasis hergestellt wird, damit die Leute auch den Mut haben, darüber zu sprechen.

Es ist für Führungskräfte äußerst hilfreich, aufmerksam auf ihre Mitarbeiter zu achten und frühzeitig Anzeichen von Stress zu erkennen. Allerdings ist mir bewusst, dass dies ein sensibler Vorgang ist, der nicht nur Mut von der Führungskraft erfordert, sondern auch eine ausgeprägte Selbstwahrnehmung voraussetzt.

Hier kann eine offene Bürostruktur unterstützend wirken, weil sie mehr Transparenz zulässt. Wichtig ist es allerdings, die Zeichen richtig zu erkennen und mit offenen Ohren und Augen durch das Büro zu gehen. Management by walking and listening to the cues around you.

Literatur

Gimpel, H., Lanzl, J., Regal, C., Urbach, N., Wischniewski, S., Tegtmeier, P., Kreilos, M., Kühlmann, T. M., Becker, J., & Eimecke, J. (2019). Gesund digital arbeiten?!: Eine Studie zu digitalem Stress in Deutschland.

Microsoft Corporation. (2021). The next great disruption is hybrid work: Are we ready? https://www.microsoft.com/en-us/worklab/work-trend-index/hybrid-work. Zugegriffen am 21.12.2023.

Starker, V., Roos, K., Bracht, E. M., & Graudenz, D. (2022). Kosten von Arbeitsunterbrechungen für deutsche Unternehmen. Auswirkungen von Fragmentierung auf Produktivität und Stressentwicklung.

Tarafdar, M., Maier, C., Laumer, S., & Weitzel, T. (2020). Explaining the link between technostress and technology addiction for social networking sites: A study of distraction as a coping behavior. *Information Systems Journal, 30*(1), 96–124.

Ward, A. F., Duke, K., Gneezy, A., & Bos, M. W. (2017). Brain drain: The mere presence of one's own smartphone reduces available cognitive capacity. *Journal of the Association for Consumer Research, 2*(2), 140–154.

Konflikte in neuen Arbeitswelten

Inhaltsverzeichnis

© Der/die Autor(en), exklusiv lizenziert an Springer-Verlag GmbH, DE, ein Teil von Springer Nature 2024
S. Gauer, *Führen im Zeitalter neuer Arbeitswelten*, https://doi.org/10.1007/978-3-662-68538-9_6

6.1   Es ist nicht gleich ein Konflikt

Nicht jede Auseinandersetzung ist unbedingt ein Konflikt. Der Begriff Konflikt leitet sich aus dem lateinischen *confligere* ab. Dies bedeutet so viel wie „zusammenstoßen" oder „aufeinanderprallen". Ein Konflikt zeichnet sich unter anderem durch folgende Aspekte aus:

- Die Beteiligten haben etwas miteinander zu tun und sind in der Regel in irgendeiner Form voneinander abhängig.
- Es sind Unvereinbarkeiten in den Interessen, Wünschen und Anliegen der Beteiligten vorhanden.
- Von mindestens einer beteiligten Person wird eine emotionale Beeinträchtigung erlebt (Evangelischer Fachverband für Arbeit und soziale Integration, o. J.).

6

Man unterscheidet zwischen der Sachebene und der Beziehungsebene eines Konfliktes. Um Zahlen, Daten, Fakten geht es auf der Sachebene. Hingegen geht es auf der Beziehungsebene um Emotionen, Bedürfnisse, Wünsche, Selbstwertgefühl, Einstellungen und Werte.

Wenn zwischen einem Wunsch, einer Erwartung, einem Anspruch und der erlebten Wirklichkeit eine Diskrepanz besteht, entsteht ein Konflikt. Mit dieser Diskrepanz geht meist eine Verletzung des Selbstwertgefühls einher, jedoch werden diese häufig nicht thematisiert oder sogar tabuisiert. Dadurch wird die Wahrscheinlichkeit von Konflikten erhöht und ihre Lösung erschwert.

6.2   Konfliktarten

Nicht jede zwischenmenschliche Spannung ist gleich ein Konflikt und bedarf einer intensiven Auseinandersetzung. Deshalb ist es wichtig, Sticheleien, unbedenkliche Meinungsverschiedenheiten und andere moderaten Spannungen zwischen Personen, als solche zu erkennen, und nicht gleich als Konflikt einzustufen. Denn sie zeichnen sich – öfters als Konflikte – durch eine geringere emotionale Involviertheit, Eskalationstendenz und einen geringeren Einfluss auf die Beziehung zwischen den Personen aus und resultieren somit in anderen Handlungsbedarfen.

Wenn die Situation jedoch das Ausmaß eines Konfliktes annimmt, ist es wichtig, diesen korrekt zu identifizieren. Das bedeutet, dass zunächst eine Art Diagnose und Reflexion stattfinden muss. Die Unterscheidung der verschiedenen Konfliktarten ist in der Praxis oft recht schwierig. Vor allem, wenn man sich all die anderen Konfliktarten vor Augen führt. Diese machen deutlich, dass Konflikte sehr unterschiedliche Ursachen haben können. In ◘ Tab. 6.1 werden bereits einige, auf die verschiedenen Konfliktarten bezogenen, Lösungsansätze angedeutet.

In Abhängigkeit der Konfliktart ergeben sich sehr unterschiedliche Vorgehensweisen. Deswegen ist es essenziell, zuerst zu erkennen, ob es sich tatsächlich um einen Konflikt handelt und wenn ja, um welche Konfliktart.

In ◘ Abb. 6.1 sind verschiedenen Konfliktarten anschaulich zusammengefasst.

□ Tab. 6.1 Weitere Arten von Konflikten und entsprechende Lösungsansätze. (Adaptiert nach Evangelischer Fachverband für Arbeit und soziale Integration (EFAS))

Art des Konflikts	Beschreibung	Lösungsansatz
Verteilungskonflikt	Ungerecht empfundene Verteilung von Ressourcen. Gefühl der Benachteiligung, Mangel an Anerkennung und Wertschätzung	Auf emotionale Verletzungen eingehen und „Ausgleiche" schaffen
Zielkonflikt	Zwei Parteien verfolgen gegensätzliche Ziele. Beispielsweise aufgrund unterschiedlicher Rollen oder auch Vorgaben	Ziele und Bedürfnisse der Konfliktparteien transparent machen
Beurteilungskonflikt	Das Ziel ist klar, aber der Weg zum Ziel, das Vorgehen zur Zielerreichung ist strittig	Ausführlicher und differenzierter Austausch der Beobachtungen und Wahrnehmungen
Beziehungskonflikt	Spannungen aufgrund von Antipathien und persönlichen Abneigungen. Ursachen können Werte und Persönlichkeitsstrukturen oder Erfahrungen sein	Bereitschaft und Fähigkeit zur Selbstreflexion entscheidend
Rollenkonflikt	Unterschiedliche Erwartungen aufgrund der Funktion einer Person, was als innerer Konflikt erlebt wird	Unterschiedliche Anforderungen bewusst machen und Prioritäten setzen

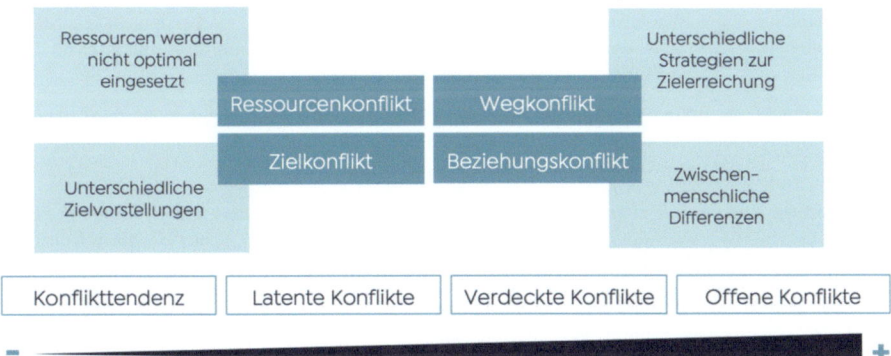

□ Abb. 6.1 Verschiedene Konfliktarten (Gauer Consulting). (Quelle: Eigene Darstellung)

6.3 Konfliktphänomene

Konfliktsituationen machen etwas mit uns. Rationalität und Selbstkontrolle fallen uns in Konfliktsituationen schwer. Wenn Menschen in Konflikte geraten, treten verschiedene „Phänomene" auf (❏ Tab. 6.2). Diese Phänomene führen letztlich dazu, dass die Lösung eines Konfliktes in der Regel erschwert wird. Es ist ein erster wichtiger Schritt der Konfliktlösung, diese Phänomene zu kennen und zu überprüfen, ob man selbst diesen Phänomenen erliegt.

6.4 Konfliktpotenzial gibt es überall

6

Die Frage ist mehr, wie man dem Potenzial entgegnet. Denn Konfliktpotenzial steckt in allen Themengebieten, die im Rahmen von neuen Arbeitswelten entstehen. Die Gefahr dabei ist, gerade für Führungskräfte, dass Konflikte von versteckten Zeichen bis hin zu offenen Eskalationen verschiedenste Ausmaße annehmen können. Somit ist es wichtig, sowohl die verschiedenen Bereiche, in denen Konflikte auftreten können, als auch die verschiedenen Ausmaße und Formen, die Konflikte annehmen können, erkennen zu können.

❏ **Tab. 6.2** Zentrale Konfliktphänomene und deren Charakterisierung. (Adaptiert nach Evangelischer Fachverband für Arbeit und soziale Integration (EFAS))

Konfliktphänomen	Beschreibung
Emotionale Beteiligung	Was vorfällt, beschäftigt einen immer mehr, lässt einen kaum mehr los. Man kreist um das Konfliktgeschehen. Gefühle um die Konflikte sind intensiv, andauernd und wiederkehrend
Beziehung	Im Gegensatz zu einem Streit führen Konflikte zu einem „Knick" auf der Beziehungsebene. Man glaubt der Schaden ist nie wieder gut zu machen. Unvoreingenommenheit ist undenkbar
Wahrnehmung	Der „Farbregler" wird weggedreht und es gibt schlussendlich nur noch Schwarz und Weiß. Wir betrachten alles mit dieser „Brille". Grübeln führt zu einer Uminterpretation von Verhalten
Absichten & Ziele	Es muss einen Gewinner und einen Verlierer geben. Mittel und Ziele werden verknüpft. Wenn der Gewinner feststeht, glaubt man, sei der Konflikt gelöst
Verhalten	Die Beteiligten gehen sich aus dem Weg, sie meiden sich. Teilweise kommt es zu ganz gezieltem Handeln und Unterlassen (z. B. Zurückhalten von Informationen)
Sachlichkeit	Die vielen Argumente tarnen in der Regel die Absichten, Wünsche und Emotionen. An die wirklichen Konfliktursachen ist nur durch das Durchschreiten des Waldes an Argumenten zu gelangen

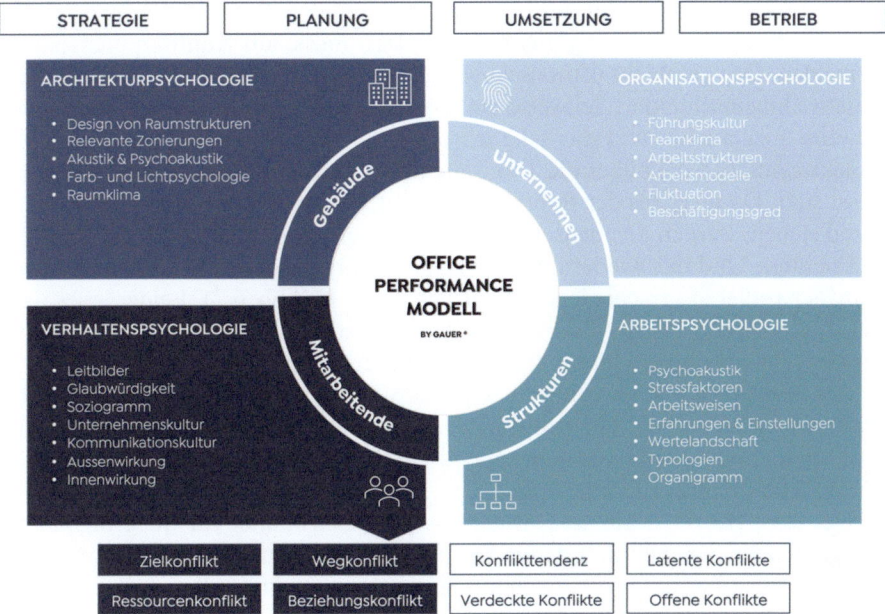

● **Abb. 6.2** Konfliktpotenzial in neuen Arbeitswelten und Workplace-Change-Initiativen. (Quelle: Eigene Darstellung. Konfliktmanagementmodell)

Um das zu tun, braucht man einen Überblick über das Konfliktpotenzial im Rahmen von Workplace-Change-Initiativen. Gerade als Führungskraft gibt das eine gewisse Orientierungshilfe.

Ich habe versucht diese verschiedenen Themenbereiche in einer Grafik zusammenzufassen (● Abb. 6.2). Und hier wird bereits die Komplexität erkennbar. Als Führungskraft ist es wichtig, die Augen und Ohren beim Team und im Unternehmen zu haben, um rechtzeitig Konflikttendenzen zu erkennen.

Weiter ist es unabdingbar, bereits in der Strategie und Planungsphase mit Experten diese Themenbereiche zu berücksichtigen, damit im gesamten Prozess Konflikttendenzen frühzeitig erkannt und reduziert werden. Dies ist einfacher umzusetzen, wenn man Erfahrung mit Konflikten bei der Einführung von neuen Arbeitswelten hat.

6.5 Was bedeutet das für die Führung?

6.5.1 Für Führungskräfte

Wie ich schon in vorderen Abschnitten immer wieder erwähnt habe, ist die Problematik auch hier im Konfliktmanagement die Doppelrolle der Führungskraft. Neue Arbeitswelten im Sinne von tiefgreifenden, organisationalen Veränderungen sind ein sehr emotional getriebenes Thema (Smollan & Sayers, 2009), auch wenn man sich 10× glaubhaft machen möchte, dass es sich bloß um einen Umzug handelt.

Als Führungskraft heißt das, dass man sich selbst zuerst schützen und mit der bevorstehenden Veränderung auseinandersetzen muss, um Konfliktpotenziale zu vermeiden. Das geschieht oftmals zu wenig, weil man häufig in die Veränderungsinitiative hineinschliddert, teilweise weil man sich selbst damit zu wenig befasst hat, teilweise aber auch – und das sehe ich oft – weil sich die Projektinitiatoren und Projektteams zu wenig über die Tragweite und Komplexität solcher Initiativen bewusst sind. Da meistens der Bau/Umbau, die Layouts und das Design im Vordergrund stehen, werden die menschlichen Komponenten zu wenig oder gar nicht berücksichtigt. Und das wiederum führt zu sich aufbauenden Konflikten, und zwar oftmals parallel in verschiedenen Bereichen (siehe ❏ Abb. 6.2). Leider ist es nach meiner Erfahrung oft so, dass viele Workplace-Initiativen im Laufe der Zeit mit immer mehr operativer Hektik und Druck einhergehen.

Als Führungskraft ist von großer Bedeutung, sich der Konfliktdimension bewusst zu werden und die Themengebiete nicht nur miteinander zu verknüpfen, sondern auch entsprechend vorausschauend zu handeln - neben dem Tagesgeschäft eine äußerst herausfordernde Aufgabe.

Der erste Schritt dafür ist „Awareness" und Sensibilität für diese thematisch übergreifenden Themen und deren Auslöser aufzubauen. Auch Rom wurde nicht in einem Tag gebaut. So ist es auch mit neuen Arbeitswelten, alles andere wäre ein Trugschluss.

6.5.2 Für Mitarbeitende

Für die Mitarbeitende bedeuten solche Veränderungen oft Unsicherheit und Stress (Bordia et al., 2004; DiFonzo & Bordia, 1998). Aus diesem Grund suchen sie nach Stabilität und Orientierung. Als Führungskraft ist es enorm wichtig, sich diesen Befindlichkeiten bewusst zu werden. Damit ist nicht gemeint, dass man jedem Mitarbeitenden das Händchen halten muss, sondern dass man die Augen und Ohren offen hat und schaut, welche Reaktionen, Haltungen, Aussagen im Raum stehen.

Hinsichtlich der Kommunikation ist es essenziell, richtig zu kommunizieren und die Menschen auf die Reise mitzunehmen. Gerade während des Tagesgeschäfts ist es eine schwierige Angelegenheit, aber es ist eine Investition in die Zukunft, die sich definitiv auszahlen wird. Mitarbeitende brauchen ihre Führungskräfte, auch wenn wir heute immer mehr davon ausgehen, dass Hierarchien flach sein müssen und niemand vor lauter Selbstmanagement und Selbstbewusstsein angeblich keine Unterstützung mehr braucht.

Aus meiner langjährigen Erfahrung kann ich sagen, dass Führungskräfte *der* große Hebel bei den Mitarbeitenden sind und eine unglaublich verantwortungsvolle Aufgabe haben. Hier ist von großer Wichtigkeit, Führungskräfte zu stärken, damit sie ihre Mitarbeitenden auch so unterstützen können, wie es die Komplexität neuer Arbeitswelten verlangt.

Literatur

Bordia, P., Hunt, E., Paulsen, N., Tourish, D., & DiFonzo, N. (2004). Uncertainty during organizational change: Is it all about control? *European Journal of Work and Organizational Psychology, 13*(3), 345–365.

DiFonzo, N., & Bordia, P. (1998). A tale of two corporations: Managing uncertainty during organizational change. *Human Resource Management, 37*(3–4), 295–303.

Evangelischer Fachverband für Arbeit und soziale Integration (Hrsg.). (o.J.). Handout Grundlagen Konfliktbearbeitung & Konfliktmanagement. https://www.efas-web.de/files/teges/Teges_Handout_Konflikt_FINAL_SCREEN.pdf. Zugegriffen am 21.12.2023.

Smollan, R. K., & Sayers, J. G. (2009). Organizational culture, change and emotions: A qualitative study. *Journal of Change Management, 9*(4), 435–457.

Der Mensch im Spannungsfeld zwischen realer und virtueller Welt

Inhaltsverzeichnis

© Der/die Autor(en), exklusiv lizenziert an Springer-Verlag GmbH, DE, ein Teil von Springer Nature 2024
S. Gauer, *Führen im Zeitalter neuer Arbeitswelten*, https://doi.org/10.1007/978-3-662-68538-9_7

7.1   Coole Welten, gestylte Layouts, happy Office

Wenn es so einfach wäre, Arbeitswelten und Führungsstile durch durchdesignte Layouts in coolen Bürostrukturen zum Effizienzbooster zu machen und gleichzeitig zu bewirken, dass alle glücklich sind, dann hätten wir wohl den Jackpot geknackt.

Aber irgendwie ist es anders herum – Was ist passiert? In den letzten Jahren haben Erkrankungen wie Burnout und Erschöpfungszustände erheblich zugenommen (Galliker et al., 2022). Die Digitalisierung schreitet mit enormer Geschwindigkeit voran. Der Anspruch auf Flexibilität an Raum und Mensch hat sich vervielfacht, hybrides Arbeiten ist mittlerweile ein fixer Bestandteil des Alltags. Alles hat sich mit rasanter Geschwindigkeit weiterentwickelt. Das Leistungsniveau jedoch ist nicht exponenziell gestiegen. Da stellt sich die Frage: Was hat denn nun Einfluss auf unser Leistungs- und Wohlfühlniveau?

7

7.2   Arbeitswege müssen effizient genutzt werden

Menschen wenden zunehmend mehr Zeit für ihren Arbeitsweg auf. Dies ist nicht nur ein nationales Phänomen, sondern ein globales. Städte wie Mexiko-Stadt, London, Berlin, Paris, Singapur, Sydney und Toronto gehören dabei zu den Städten mit den extremsten Pendelbedingungen weltweit (INRIX, 2022).

Die Zunahme von Verkehrsengpässen trägt dazu bei, dass das Büro grundlegend verändert werden muss, damit sich der lange Arbeitsweg wieder lohnt. Schnelles Wirtschaftswachstum, viele neu geschaffene Arbeitsplätze in Großstädten ohne ausreichend erschwinglichen Wohnraum, treibt die Menschen aus den Stadtzentren. Fernarbeit ist nicht immer eine Lösung, auch wenn sich manche Stellen und Aufgaben dafür eignen.

Harvard Business Review berichtete kürzlich über eine vierjährige Studie eines großen Technologieunternehmens, im Rahmen derer festgestellt wurde, dass die Kommunikation mit Mitarbeitenden, die außerhalb des Büros tätig sind, im Vergleich zu Teammitgliedern, die sich räumlich in einem gemeinsamen Arbeitsumfeld befinden, um ganze 80 % abnimmt (E. Bernstein & Waber, 2021). Des Weiteren ist zu bedenken, dass nicht jeder Beruf außerhalb des Büros ausgeübt werden kann. Laut Steelcase gehen 23 % der Unternehmen davon aus, dass sie in Zukunft das Büro weiterhin als Hauptarbeitsplatz nutzen werden (◗ Abb. 7.1). Die Mehrheit der Unternehmen (72 %) richtet sich auf ein hybrides Arbeitsmodell aus (Steelcase Global Report, 2021).

7.2.1   Zusammenarbeit im Wandel

Da Beschäftigte zum Teil längere Wegstrecken bewältigen müssen, ist es von großer Bedeutung, dass die eigentliche Arbeit nach Ankunft im Büro reibungslos und produktiv verläuft und belebend wirkt.

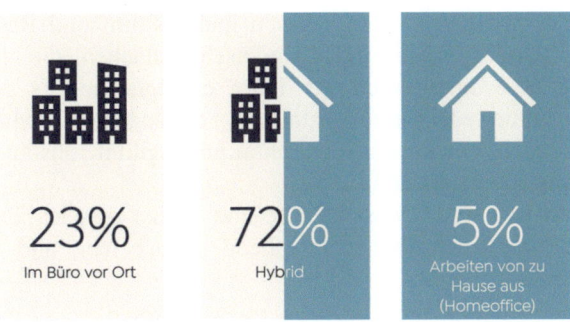

□ Abb. 7.1 Erwartungen von Unternehmen bezüglich ihres zukünftigen Arbeitsplatzes, basierend auf den im Text erwähnten Ergebnissen von Steelcase (Gauer Consulting), (Quelle: Eigene Darstellung)

Angestellte verbringen immer mehr Zeit mit kollaborativer Arbeit, also mit der Arbeit in Teams. Unternehmen mit Fokus auf Wachstum setzen auf die Zusammenarbeit, um innovative Ideen zu entwickeln und zu vermarkten (Chesbrough, 2017; Walsh et al., 2016). Solche hochleistungsfähigen Teams arbeiten auf eine neue, innovative Art und Weise. Sie passen Projekte kontinuierlich von Teammitglied zu Teammitglied, ähnlich wie bei einem Basketballspiel. Nur durch gemeinsame Anstrengungen können sie ein Projekt erfolgreich abschließen.

Die moderne Zusammenarbeit zeigt sich in vielfältigen Formen, angefangen bei kontinuierlich zusammenarbeitenden Teams bis hin zu formellen Sitzungen, aktiven Brainstorming-Sitzungen, informellen Treffen und spontanen Interaktionen. Durch die physische Präsenz aller Teammitglieder sind sie in der Lage, Probleme unmittelbar in Echtzeit zu bewältigen, was für einen reibungslosen Ablauf der Arbeit sehr förderlich sein kann.

Teams nutzen heutzutage verschiedenste Methoden, um ihre Zusammenarbeit effizient und zielführend zu gestalten. Design-Thinking (kreative Problemlösung) und agiles Arbeiten (schnelle Umsetzung) sind zwei solche Methoden – beide Vorgehensweisen zeichnen sich durch ihre Dynamik und Effizienz aus.

Diese Art der Zusammenarbeit und die Dynamik solch moderner Teams steht im klaren Kontrast zu früheren Methoden, bei denen ein Mitarbeiter zunächst einen Teil des Projekts abgeschlossen hat, um dann seine Ergebnisse an Kollegen weiterzugeben – ähnlich zu einem Staffellauf.

7.2.2 Deswegen verändert sich auch das Büro

Aufgrund der im vorherigen Kapitel beschriebenen Veränderungen der Arbeitsweisen, durchläuft der Arbeitsplatz aktuell ebenfalls einen Wandel. Klassische Bürostrukturen, wie reihenweise Einzeltische, private Büros, klassische Großraumbüros (Open Space) (E. S. Bernstein & Turban, 2018), unterstützen iterative, schnelllebige Teams oder zwanglose, spontane Zusammenkünfte nicht ausreichend.

Entsprechend investieren Unternehmen mehr Raum und Ressourcen in die Schaffung von Teambereichen und Gemeinschaftsflächen, die eine erfolgreiche und produktive Zusammenarbeit im Team ermöglichen. Es geht um multifunktionale und zonierte Büroraumgestaltung – das sogenannte Multispace-Office, das die verschiedenen Aspekte der Flexibilität und Agilität vollständig erfüllt (Hua et al., 2011; Zamani & Gum, 2019).

Wichtig dabei ist – und das ist Chance und Risiko zugleich, dass diese multifunktionalen Offices auch dementsprechend mitarbeiter- und unternehmensorientiert erarbeitet werden.

7.2.3 Architektur und die Auswirkung auf die Arbeitspsychologie

Wissenschaftliche Studien haben ergeben, dass die Zufriedenheit mithilfe der Architektur beeinflusst werden kann (Metaj, 2019). So weit so gut – weiter hat aber das Mitspracherecht in der Gestaltung des Arbeitsplatzes eine sehr positive Wirkung, während fixe Vorgaben einen negativen Einfluss auf die Zufriedenheit haben (Rolfö, 2018). Je mehr Flexibilität bei der Wahl zwischen fixem Arbeitsplatz und mobilen Arbeitsmöglichkeiten (verschiedene Zonen, hybrides Arbeiten, Homeoffice, etc.) gewährleistet wird, desto besser kann zur Zufriedenheit der Mitarbeitenden beigetragen werden, da sie so ihr Autonomiebedürfnis befriedigen können. Auch die Motivation und Leistung können dadurch positiv beeinflusst werden (Baard et al., 2004; Wohlers & Hertel, 2017).

Wichtig ist in diesem Zusammenhang jedoch, dass eine Balance zwischen den Bedürfnissen der Mitarbeitenden und den Unternehmensmöglichkeiten gefunden wird. Es braucht auf beiden Seiten eine „positive Bilanz", um gewinnbringend und nachhaltig umgesetzt zu werden.

Und genau hier setzen wir an.

Literatur

Baard, P. P., Deci, E. L., & Ryan, R. M. (2004). Intrinsic need satisfaction: A motivational basis of performance and weil-being in two work settings. *Journal of Applied Social Psychology, 34*(10), 2045–2068.

Bernstein, E. S., & Turban, S. (2018). The impact of the 'open' workspace on human collaboration. *Philosophical Transactions of the Royal Society B: Biological Sciences, 373*(1753), 20170239.

Bernstein, E., & Waber, B. (2021). The truth about open offices. *Harvard Business Review, 97*(6). https://hbr.org/2019/11/the-truth-about-open-offices. Zugegriffen am 21.12.2023.

Chesbrough, H. (2017). The future of open innovation: The future of open innovation is more extensive, more collaborative, and more engaged with a wider variety of participants. *Research-Technology Management, 60*(1), 35–38.

Galliker, S., Igic, I., Elfering, A. K., & Simmer, N. (2022). *Job-Stress-Index 2022. Monitoring von Kennzahlen zum Stress bei Erwerbstätigen in der Schweiz.* Gesundheitsförderung Schweiz.

Hua, Y., Loftness, V., Heerwagen, J. H., & Powell, K. M. (2011). Relationship between workplace spatial settings and occupant-perceived support for collaboration. *Environment and Behavior, 43*(6), 807–826.

INRIX. (2022). INRIX 2022 global traffic scorecard. https://inrix.com/scorecard/#city-ranking-list. Zugegriffen am 21.12.2023.

Metaj, R. (2019). *Architekturpsychologie, Einfluss auf die Arbeit im Büro*. Lehrbuchverlag.

Rolfö, L. V. (2018). Relocation to an activity-based flexible office – Design processes and outcomes. *Applied Ergonomics, 73*, 141–150.

Steelcase Global Report. (2021). Changing expectations and the future of work – insights from the pandemic to create a better work experience.

Walsh, J. P., Lee, Y.-N., & Nagaoka, S. (2016). Openness and innovation in the US: Collaboration form, idea generation and implementation. *Research Policy, 45*(8), 1660–1671.

Wohlers, C., & Hertel, G. (2017). Choosing where to work at work – towards a theoretical model of benefits and risks of activity-based flexible offices. *Ergonomics, 60*(4), 467–486.

Zamani, Z., & Gum, D. (2019). Activity-based flexible office: Exploring the fit between physical environment qualities and user needs impacting satisfaction, communication, collaboration and productivity. *Journal of Corporate Real Estate, 21*(3), 234–253.

Office Performance als Erfolgsfaktor

Inhaltsverzeichnis

© Der/die Autor(en), exklusiv lizenziert an Springer-Verlag GmbH, DE, ein Teil von Springer Nature 2024
S. Gauer, *Führen im Zeitalter neuer Arbeitswelten*, https://doi.org/10.1007/978-3-662-68538-9_8

Die Office-Performance spielt eine entscheidende Rolle für die Mitarbeiterleistung und damit für den Erfolg eines Unternehmens. Ein gut gestaltetes, funktionales und motivierendes Büroumfeld kann die Produktivität, Kreativität und Zufriedenheit der Mitarbeitenden aktiv fördern (Brill et al., 1985; Dul et al., 2011; Metaj, 2019). Durch die Schaffung einer positiven Arbeitsumgebung, die sowohl die physischen als auch die psychologischen Bedürfnisse der Mitarbeiter berücksichtigt, kann die Office-Performance also maßgeblich zur Steigerung der Mitarbeiterleistung beitragen. Dies kann ebenfalls zu einer höheren Effizienz, einer verbesserten Kommunikation (Boutellier et al., 2008) und einem stärkeren Commitment zum Unternehmen (Morrow et al., 2012) führen. Investitionen in die Office-Performance sind somit eine Investition in die Mitarbeitenden und den langfristigen Erfolg des Unternehmens.

Erfolgsentscheidend dabei ist, dass die Überlegungen in einem Gesamtkontext betrachtet werden und nicht in Insellösungen voneinander getrennt analysiert, geplant und implementiert werden.

8.1 Das Office-Performance-Modell

8

Mit dem Office-Performance-Modell (OPM) (◨ Abb. 8.1) habe ich ein Tool entwickelt, das genau diesen Überlegungen Rechnung trägt und von der Strategie über die Planung bis zur Umsetzung Bestandteil der Vorgehensweise bleibt. Die Entscheidungs- und Planungskette ist so stets nachvollziehbar.

Das Office-Performance-Modell ist zum einen ein Analyse- und Diagnosemodell, um den Ist-Zustand zu erheben und zu evaluieren. Es ist für mich ein enorm wertvolles Modell, da ich auf diese Weise in der Lage bin, strategische Ausrichtungen von Unternehmen zu verifizieren. Was meine ich damit? Es kommt

◨ **Abb. 8.1**   Das Office-Performance-Modell (OPM). Das Modell ist die Grundlage für die strategische Ausrichtung, Planung, Umsetzung und Nutzung von Workplace-Change-Projekten (Gauer Consulting), (Quelle: Eigene Darstellung)

regelmäßig in meiner Beratungstätigkeit vor, dass Unternehmen eine völlig andere Vorstellung davon haben, wie sie sich neu ausrichten wollen und was tatsächlich für sie möglich ist. Ein altes Sprichwort sagt: „Schuster, bleib bei Deinen Leisten!" – einfach nur einem Trend hinterherlaufen, ohne wirklich zu hinterfragen, ob es überhaupt die Richtung ist, die das Unternehmen einschlagen kann. Gründe für diesen Umstand sind vielfältig: die Kultur, die Strukturen, der finanzielle Background, der Standort.

Dass sich ein Unternehmen genug Zeit für die Analyse- und Diagnosephase nimmt, ist deswegen so wichtig, da sie den Grundstein für alle weiteren strategischen Diskussionen und Entscheidungen legt.

Das Modell hilft auch, sich selbst zu zentrieren und nicht in die Sphären der Utopien abzuheben. Das ist nämlich auch etwas, was ich seit ein paar Jahren beobachte und das sich stetig weiter verschärft: Trends hinterherzulaufen, weil man glaubt, dadurch besser, schneller und erfolgreicher zu werden. Bitte verstehen Sie mich nicht falsch, Trends sind sehr wichtige Zukunftsbarometer, das ist keine Frage, aber sie müssen auf eine Passung zum eigenen Unternehmen geprüft werden. Sonst laufen wir Gefahr, wie Lemminge hinter etwas herzulaufen, das dem, was wir wollen, gar nicht förderlich ist.

Zum anderen ist das Office-Performance-Modell ein strategisches Entscheidungsinstrument, das Unternehmen hilft, in eine Zukunft zu denken, die dessen Kultur und Rahmenbedingungen entspricht und gleichzeitig Trends, unternehmerischen Mut und „Out-of-the-box"-Denken zulässt – ja, nicht nur zulässt, sondern aktiv fördert und (ein)fordert.

Eine dem deutschen Forschungsreisenden Alexander von Humboldt zugeschriebene Aussage hat es so unglaublich treffend auf den Punkt gebracht: „Die gefährlichste Weltanschauung ist die Weltanschauung derer, die die Welt nie angeschaut haben". Genau das ist nämlich das Problem unserer selbst ernannten New-Work-Gesellschaft. Wir schauen uns die Unternehmens- und Arbeitswelten viel zu wenig an. Wir kreieren Arbeitswelten der Zukunft, ohne zu schauen, woher wir kommen und was wir eigentlich brauchen. Wir wollen die ersten sein und wissen noch nicht einmal, wo das Ziel ist.

Das Office-Performance-Modell zwingt uns hinzuschauen, damit wir unsere Arbeitswelt besser verstehen und auf diesen Erkenntnissen sinnvoll, nachhaltig und menschengerecht aufbauen können.

Wir dürfen nicht vergessen, dass Workplace-Transformationsinitiativen sehr komplex und emotional sind. Um die Chance auf langfristigen und verankerten Erfolg zu haben, ist es unumgänglich cross-disziplinär zu denken und Raumstrukturen mit Team- und Unternehmensstrukturen zu verflechten.

Das – und da bin ich ganz ehrlich – ist eine komplexe Aufgabe, weil Sachbezüge, wie zum Beispiel Standort, Strukturen, Prozesse, finanzielle Mittel, mit menschlichen Bedürfnissen nach Stabilität, Sicherheit, Vertrauen und Wohlfühlen aufeinanderprallen. Es verhält sich wie mit zwei Feuersteinen, die ihre Funken schlagen und wenn man nicht aufpasst, dann entsteht daraus ein Feuer, das sich im schlimmsten Fall zu einem Flächenbrand ausweiten kann.

Ich sehe sehr oft bei unseren Kunden, dass sich die Unternehmen der Komplexität nicht bewusst sind und somit auch die falschen oder ungünstigen Schritte einleiten. Sehr oft werde ich von Führungskräften mit den Fragen konfrontiert, warum die Mitarbeitenden nicht wieder zurück ins Büro kommen, obwohl es ja mit allen neuartigen stilistischen und designrelevanten Mitteln ausgestattet wurde, oder warum die Performance nicht gestiegen ist beziehungsweise sich sogar verschlechtert hat, warum die Arbeitsunfähigkeitsmeldungen zugenommen haben und man – trotz tollem Office – keine Fachkräfte bekommt, wie man also führen soll, wenn die Grundlagen dafür fehlen.

Diese zentralen Fragestellungen entstammen der zuvor beschriebenen Weltanschauung. Es wurde nicht ausreichend Zeit investiert, um zu evaluieren, was tatsächlich benötigt wird oder was überhaupt realisierbar ist.1.

Wir Menschen lassen uns nun mal gerne blenden und nehmen nur das wahr, was wir sehen und hören *wollen*. Mittlerweile ist das auch wissenschaftlich verankert. Ein Beispiel soll das illustrieren. Die Harvard-Psychologin Ellen Langer hat in den 70er-Jahren ein Experiment in der Uni-Bibliothek durchgeführt. Dabei forderte sie eine Versuchsperson auf, bei einem Kopiergerät zu warten, bis sich eine Schlange davor gebildet hat. Danach sollte sie zur Gruppe der Wartenden gehen und fragen, ob man sie vorlassen würde. Diese Anfrage wurde in drei verschiedenen Variationen ausprobiert. In der ersten Variante gab die Versuchsperson keine Begründung, wieso die anderen sie vorlassen sollten. Das Ergebnis: Nur wenige ließen sie vor. Bei den anderen zwei Anfragevariationen gab die Versuchsperson eine Begründung an. In der einen gab sie einen nachvollziehbaren Grund an, der lautete wie folgt: „Entschuldige, ich habe hier fünf Seiten zu kopieren. Kann ich bitte vor, weil ich's eilig habe?" Bei der anderen Variante fragte sie: „Entschuldige, ich habe hier fünf Seiten zu kopieren, kann ich bitte vor, weil ich kopieren möchte?" Merken Sie, dass die Versuchsperson in der letzteren Variante zwar eine Begründung gab, diese aber keine wirkliche Begründung war (Nonsens-Begründung)? Das Erstaunliche ist: Sowohl bei der nachvollziehbaren als auch bei der Nonsens-Begründung wurde die Versuchsperson in nahezu allen Fällen vorgelassen (Langer et al., 1978)!

Der bei der Nonsens-Begründung angeführte Grund für das Vorbeilassen war an sich völlig lächerlich und nicht aussagekräftig, aber es reichte, um bei den wartenden Personen auf mehr Verständnis und Entgegenkommen zu stoßen. Das zeigt, dass wir Menschen oft „mindless", also ohne bewusste kognitive Verarbeitung, handeln und dadurch die Informationen oft gar nicht wirklich aktiv verarbeiten (Langer et al., 1978).

Wir Menschen suchen nach Begründungen, um zu verstehen, selbst wenn diese nicht immer in unserem Interesse sind oder vollständig nachvollziehbar erscheinen. Dieser Bias wird auch bei der Einführung neuer Arbeitswelten deutlich. Oft höre ich von den Verantwortlichen solcher Initiativen die Begründung: „Wir machen das, weil es die anderen auch machen." Und so schnell hat man eine Rechtfertigung gefunden! Bingo!

Dies markiert oft den Beginn eines Weges, der bereits festgelegt ist – gewöhnlich ohne eine zuvor erfolgte, gründliche Analyse, Diagnose und strategische Erörterung. Doch genau diese Schritte sind entscheidend für den Erfolg. Mehr noch, sie bereichern und sind eine lohnende Zeitinvestition. Denn alle Vorarbeiten tragen dazu bei, den Prozess während der Planungs- und Umsetzungsphase klar zu definieren und konsequent zu verfolgen. Dadurch werden Überraschungen weitgehend vermieden und Frustrationen minimiert.

Eine Analogie dazu ist für mich der Film „Die Matrix" aus dem Jahr 1999, in dem Menschen in Parallelwelten – in der Matrix – leben, ohne es zu merken. Eine Gruppe Auserwählter hat sich von dieser Matrix entkoppelt und sieht die Welt wie sie wirklich ist. Genau das müssen wir auch tun, denn nur so können wir nachhaltige Antworten auf unsere Fragen finden. Dann lautet die Begründung nämlich nicht: „Weil es die anderen auch machen", sondern „Weil wir es analysiert und diskutiert haben und nun wissen, was gut für uns ist und uns weiterbringt".

Deshalb benötigen wir in dieser Welt ein wenig mehr von Persönlichkeiten wie Neo, Trinity und Morpheus, um uns dabei zu helfen, unseren Fokus zu schärfen und uns nicht blindlings auf Trends oder Methoden zu stürzen, die vielleicht für andere funktionieren, aber nicht unbedingt für Ihr Unternehmen geeignet sind. Diese Notwendigkeit erstreckt sich nicht nur auf die Gestaltung neuer Arbeitswelten, sondern auch auf viele andere Bereiche. Indem wir uns auf das Wesentliche konzentrieren, können wir sicherstellen, dass unsere Entscheidungen und Strategien wirklich zu unseren spezifischen Zielen und Bedürfnissen passen.

Zusammenfassend lässt sich feststellen, dass es entscheidend ist, sich ausreichend Zeit zu nehmen, um gründlich zu analysieren, wohin die Entwicklung gehen soll und welche Ressourcen zur Verfügung stehen – sei es in kultureller, organisatorischer, finanzieller oder menschlicher Hinsicht. Ein passender Leitspruch könnte sein: „Zurück zur Kultur – mit einem starken WIR in die Zukunft!" Dieses Motto betont die Bedeutung einer starken, gemeinschaftlich geprägten Unternehmenskultur als Fundament für zukünftige Entwicklungen.

Der physische Raum, in dem wir arbeiten, sollte eine direkte Reflexion dieses „WIR"-Gefühls sein und die kulturellen Werte des Unternehmens widerspiegeln, um so ein Umfeld zu schaffen, das die Zusammenarbeit und das gemeinsame Streben nach Zielen fördert.

Literatur

Boutellier, R., Ullman, F., Schreiber, J., & Naef, R. (2008). Impact of office layout on communication in a science-driven business. *R&D Management, 38*(4), 372–391.

Brill, M., Margulis, S., & Konar, E. (1985). *Using office design to increase productivity*. Workplace Design and Productivity.

Dul, J., Ceylan, C., & Jaspers, F. (2011). Knowledge workers' creativity and the role of the physical work environment. *Human Resource Management, 50*(6), 715–734.

Langer, E. J., Blank, A., & Chanowitz, B. (1978). The mindlessness of ostensibly thoughtful action: The role of „placebic" information in interpersonal interaction. *Journal of Personality and Social Psychology, 36*(6), 635.

Metaj, R. (2019). *Architekturpsychologie, Einfluss auf die Arbeit im Büro*. Lehrbuchverlag.

Morrow, P. C., McElroy, J. C., & Scheibe, K. P. (2012). Influencing organizational commitment through office redesign. *Journal of Vocational Behavior, 81*(1), 99–111.

Die Macht der gebauten Umwelt auf unser Erleben und Verhalten

Inhaltsverzeichnis

© Der/die Autor(en), exklusiv lizenziert an Springer-Verlag GmbH, DE, ein Teil von Springer Nature 2024
S. Gauer, *Führen im Zeitalter neuer Arbeitswelten*, https://doi.org/10.1007/978-3-662-68538-9_9

9.1 Architekturpsychologische Sichtweisen

Die Anwendung psychologischer Prinzipien in der Architektur ist eine wirksame und effiziente Methode, um moderne Arbeitswelten auf ein neues Niveau zu heben. Mit dem Wissen der Psychologie können wir nicht nur Räume gestalten, sondern auch die menschliche Psyche beeinflussen. Durch die geschickte, partizipative Gestaltung von Räumen können latent vorhandene Konflikte verbessert werden (Foland et al., 1995). Der Mensch als Schlüsselelement für High Performance erfordert ein harmonisches Zusammenspiel von Intellekt, Kultur und Architekturpsychologie. Man kann es mit Schmieröl oder Sand im Getriebe vergleichen, wobei Ersteres die Leistung fördert, während Letzteres sie mindert.

Einerseits ist der Mensch ein aktiver Mitgestalter seiner Umgebung, andererseits fungiert er auch als passiver Nutzer. Es entsteht somit eine wechselseitige Beziehung. Gebaute Umgebungen können Menschen auf drei verschiedene Arten beeinflussen. Die unmittelbare biologische Wirkung geschieht meist auf unbewusster Ebene. Faktoren wie die Psychologie der Farben oder klassische Raumklima-Aspekte wie Temperatur, Luftfeuchtigkeit und Luftqualität spielen hier eine bedeutende Rolle.

Die bewusste psychologische Wirkung ist offensichtlicher und betrifft unsere Art, Räume in unserem Umfeld zu bewerten. Ein positives Raumempfinden trägt zum Wohlbefinden bei, während negative Raumbeurteilungen Unzufriedenheit hervorrufen können (Maslow & Mintz, 1956). Teilweise bewusste und sogar unbewusste psychologische Einflüsse sind eng mit Bewegungsmustern im Raum, der Interaktion der Menschen in diesen Räumen und der verfügbaren Raumgestaltung verbunden.

Bereits in den 1960er-Jahren hat Lévi-Strauss beobachtet, dass Menschen in ihren Einstellungen verändert werden können, indem man ihre Grundlagen und Muster verändert. Ein interessantes Beispiel hierfür ist der Bororo-Stamm in Südamerika, der ursprünglich einer Naturreligion folgte. Dieses Glaubenssystem beinhaltete wichtige Regeln für das soziale Zusammenleben. Missionare versuchten, den Stamm zum Christentum zu bekehren. Sie erkannten rasch, dass der sicherste Weg zur „Bekehrung" darin bestand, die Dorfstruktur des Stammes zu verändern. Sie arrangierten die Häuser nach dem europäischen Reihenhausprinzip, das sich erheblich von dem gemeinschaftlichen und hierarchieübergreifenden Charakter des Bororo-Stammes unterschied (siehe ◘ Abb. 9.1, Lévi-Strauss, 1967).

Und siehe da: sie legten den Grundstein für ein neues System.

So traurig diese Beobachtung ist, so eindeutig zeigt sie, wie räumliche Strukturen auch auf unsere Art des Zusammenseins wirken können.

Dorfstrukturen Bororo Stamm

Dorfstrukturen nach europäischem Reihenhausprinzip

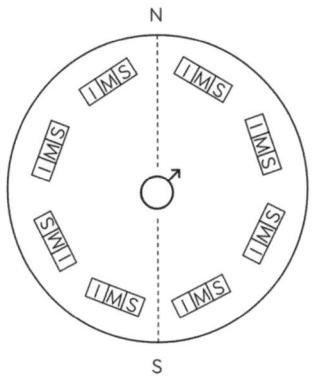

S	Obere soziale Schicht
M	Mittlere soziale Schicht
I	Untere soziale Schicht

☐ **Abb. 9.1** Vereinfachte schematische Darstellung der hierarchieübergreifenden Dorfstruktur des Bororo-Stammes in Südamerika (linke Abbildung) und durch Missionare eingeführte Struktur nach dem europäischen Reihenhausprinzip (rechte Abbildung: Gauer Consulting), (Quelle: Eigene Darstellung)

9.2 Zusammenhänge erkennen

Es herrscht eine enge Verbindung zwischen unserem Erschöpfungszustand und unserem Energielevel. Das Spektrum reicht von Momenten, in denen wir uns nicht konzentrieren können und unsere Gedanken immer wieder von vorne beginnen müssen, bis hin zu Phasen, in denen wir im Flow sind und unsere Ideen mühelos aufeinanderfolgen. Ebenso spielen unsere Mitmenschen eine Rolle – ob sie uns stören, indem sie erneut in der Nähe unseres Arbeitsplatzes etwas zu besprechen haben, oder ob wir uns aktiv und interessiert ebenfalls in das Gespräch einbringen.

Die Wechselwirkung zwischen dem Raum, in dem wir uns befinden, und unserer eigenen Verfassung und Selbstwahrnehmung ist von entscheidender Bedeutung. Diese Faktoren beeinflussen maßgeblich unsere Wahrnehmung der Umgebungsbedingungen und können entweder unser Wohlbefinden unterstützen oder beeinträchtigen (☐ Abb. 9.2) (Macintyre et al., 2002; Maslow & Mintz, 1956).

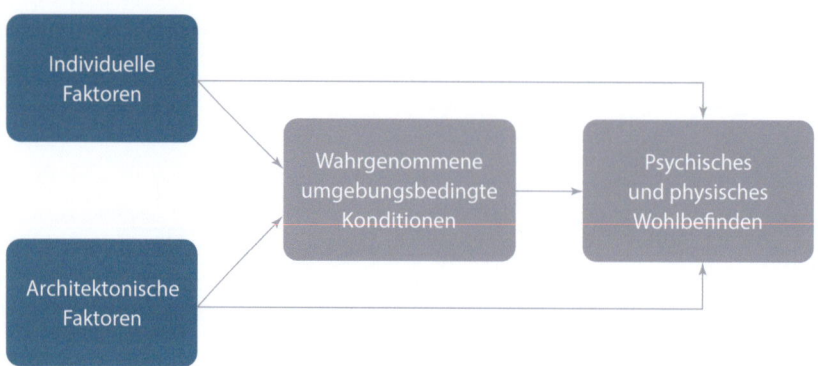

◻ **Abb. 9.2**   Psychisches und physisches Wohlbefinden im Raum. Architektonische und individuelle Faktoren wirken auf die Wahrnehmung von umgebungsbedingten Konditionen und beeinflussen sowohl durch diese zwischengeschaltete Variable als auch direkt das psychische und physische Wohlbefinden (Gauer Consulting), (Quelle: Eigene Darstellung)

9.3   Maslows Experiment

Ein Experiment von A. Maslow, das bereits in den 50er-Jahren durchgeführt wurde, beschreibt diese Wechselwirkung zwischen Gefühl und Raum sehr eindrucksvoll. Das Setting: Der erste Raum hieß „The beautiful room", hatte große Fenster, ein Bücherregal, helles Licht, einen sehr bequemen Sessel und einen schönen Teppich. Der zweite Raum hieß „Der hässliche Raum", hatte graue Wände, war nicht sehr aufgeräumt, hatte eine kaputte Lampe und abgenutzte Möbel. Die Aufgabe der Testpersonen bestand darin, einen Stapel von Portraits (es waren für beide Gruppen die gleichen Portraits) nach ihrer Energie und ihrem Wohlbefinden zu ordnen (Maslow & Mintz, 1956).

Das Ergebnis war entwaffnend eindeutig. Die Portraits im schönen Raum wurden deutlich positiver wahrgenommen. Selbst die Stimmung der Versuchsleiter war im schönen Raum freundlicher, hilfsbereiter und offener, obwohl die Versuchsleiter Bescheid wussten (Maslow & Mintz, 1956).

9.4   Wir können etwas beitragen

Wir können unser Empfinden und Erleben stark durch Umgebungswechsel beeinflussen und aktiv zum Glücklichsein und zu unserem Wohlbefinden beitragen. Dies ist besonders wichtig, wenn Sie eine Führungsposition innehaben.

Durch sorgfältige architekturpsychologische Planung im Vorfeld eines Projekts zur Umgestaltung der Arbeitsumgebung und durch praktische Erfahrungen im Alltag können wir maßgeblich darauf Einfluss nehmen, wie wir die Räume um uns herum empfinden.

Es ist jedoch wichtig zu beachten, dass Räume allein nicht die Lösung für alle Herausforderungen sind, obwohl sie einen erheblichen Einfluss auf uns ausüben können. Es gibt noch zwei weitere entscheidende Faktoren, die unsere Wahrnehmung und unser Erleben stark beeinflussen. Zum einen sind dies individuelle Faktoren wie persönliche Einstellungen, Werte, Stress, Schlaf, Sorgen, Ängste usw. und zum anderen spielen unternehmensbezogene Faktoren wie die Unternehmenskultur, die Zusammenarbeit, die Führung und die Verantwortung eine wichtige Rolle. Es ist von entscheidender Bedeutung, eine ganzheitliche Perspektive zu entwickeln, wenn Sie langfristig, wertschöpfend und authentisch Arbeitsumgebungen gestalten und erleben möchten.

9.5 Jugendstil und neue Arbeitswelten

Der Jugendstil entstand in der zweiten Hälfte des 19. Jahrhunderts und erreichte seinen Höhepunkt um die Jahrhundertwende (1890–1910). Er entwickelte sich in Europa als Reaktion auf die Industrialisierung und die Auswirkungen des technologischen Fortschritts auf Kunst und Gesellschaft (Gegenbewegung).

Jugendstilkünstler verfolgten das Ziel, die Natur in die moderne Welt zu integrieren und auf diese Weise die Kunst und Ästhetik für jeden Menschen erlebbar zu machen. Motive, die sich an der Natur orientieren, wie schwungvolle Linien und Formen sowie Ranken und Wellen gelten als zentrale Merkmale des Jugendstils.

Der Jugendstil prägte die Malerei, die Bildhauerei, die Architektur und das Möbeldesign sowie die Fertigung von Schmuck und Glaswaren.

Das Bürgertum spielte eine zentrale Rolle bei der Förderung und Verbreitung des Jugendstils. Die aufstrebende bürgerliche Mittelschicht hatte während der Industrialisierung Zugang zu Bildung und Kultur und suchte nach einer neuen Identität und ästhetischen Ausdrucksformen. Der Jugendstil bot eine Möglichkeit, sich von den traditionellen Stilen abzuheben und den eigenen sozialen Aufstieg sowie den kulturellen Geschmack auszudrücken. Das Bürgertum unterstützte die Künstler finanziell durch den Kauf von Kunstwerken, Möbeln und dekorativen Objekten.

Obwohl der Jugendstil oft mit dem Bürgertum assoziiert wird, fand er auch bei Arbeitern und Handwerkern Anklang. Die Idee einer Einheit von Kunst und Handwerk passte gut zur Ideologie der Arbeiterbewegung, die Handarbeit und menschliche Kreativität über maschinelle Massenproduktion betonte. In einigen Fällen war der Jugendstil in Arbeitergemeinschaften präsent und wurde als Mittel zur Verbesserung der Lebensqualität und des Arbeitsumfelds betrachtet.

Die obere Schicht, zu der der wohlhabende Adlige und Unternehmer gehörten, trug ebenfalls zur Entwicklung des Jugendstils bei. Einige Künstler und Designer hatten privilegierten Zugang zu dieser Schicht und erhielten Aufträge für opulente, hochwertige Kunstwerke und Innenausstattungen. Die oberen Schichten schätzten die Innovation und Originalität des Jugendstils und setzten ihn oft als Ausdruck von Status und Wohlstand ein.

Was heißt das für neue Arbeitswelten?

Der Jugendstil prägte wie schon oben erwähnt, die Architektur und das Möbel-design nachhaltig und ist in einer vergleichbaren Zeitepoche, wie wir sie jetzt er-leben, entstanden. Das heißt, dass wir mit diesen Gedanken nicht am Anfang ste-hen, dass die Komplexität und die Abhängigkeiten schon einmal durchlebt worden sind. Wir müssen das Rad nicht neu erfinden, sondern die Erfahrungen der Ver-gangenheit mit der Gegenwart verknüpfen und daraus eine tragfähige Zukunft ge-stalten!

Das ist einfach unglaublich spannend und die Möglichkeiten sind weitreichend und können uns helfen uns wieder neu zu definieren.

Wie die Arbeitswelten war auch der Jugendstil keine einheitliche Trend, son-dern hatte in verschiedenen Ländern und Regionen unterschiedliche Aus-prägungen. In der Arbeitswelt sind es die verschiedenen Unternehmen, Kulturen und Arbeitsweisen.

Die Vielfalt der sozialen Hintergründe derjenigen, die den Jugendstil beeinflusst haben, trug zur Reichhaltigkeit und Komplexität dieser Ästhetik bei. Ähnlich bei neuen Arbeitswelten, sie geben Akteuren/Führungskräften unterschiedlicher Hintergründe die Chance mit ihrer Vielfalt das Arbeitsleben enorm zu bereichern.

Die Jungendstilbewegung vereinte Menschen aus verschiedenen sozialen Schichten in ihrem Bestreben, eine neue künstlerische und gestalterische Richtung zu etablieren, die die Herausforderungen und Möglichkeiten ihrer Zeit reflektierte.

Wir vereinen mit Workplace-Initiativen-Menschen aus verschiedenen Be-reichen, Teams, Zusammenarbeitsformen, Arbeitsmodellen, Persönlichkeiten etc. und etablieren eine neue Form von Arbeitswelten, die die Herausforderungen unse-rer Zeit reflektieren und uns hilft effizient, gut und gesund zu arbeiten.

Literatur

Foland, S., Rowlen, S., & Watson, S. (1995). Team space and empowerment: A formula for success. *World Workplace, 95.*

Lévi-Strauss, C. (1967). *Strukturale Anthropologie*, aus dem Französischen v. H. Naumann. Suhr-kamp.

Macintyre, S., Ellaway, A., & Cummins, S. (2002). Place effects on health: How can we conceptualise, operationalise and measure them? *Social Science & Medicine, 55*(1), 125–139.

Maslow, A. H., & Mintz, N. L. (1956). Effects of esthetic surroundings: I. Initial effects of three est-hetic conditions upon perceiving "energy" and "well-being" in faces. *The Journal of Psychology, 41*(2), 247–254.

Der virtuelle Raum

Inhaltsverzeichnis

© Der/die Autor(en), exklusiv lizenziert an Springer-Verlag GmbH, DE, ein Teil von Springer Nature 2024
S. Gauer, *Führen im Zeitalter neuer Arbeitswelten*, https://doi.org/10.1007/978-3-662-68538-9_10

10.1   Homeoffice oder „in Office"?

Es ist ja so eine Sache mit dem Homeoffice: Des einen Freud, des anderen Leid. Es ist ein Dauerthema in vielen Unternehmen und wird ständig von neuem diskutiert. Aus meiner langjährigen Beratungserfahrung muss ich sagen, dass man mit der Umsetzung von Homeofficemöglichkeiten sensibel umgehen muss. Es kommt sehr stark auf das jeweilige Unternehmen, die Persönlichkeit, sowie die private Situation der Mitarbeitenden, die Tätigkeit und den Verantwortungsbereich an – also auf eine ganze Reihe von Abhängigkeiten, die sich gegenseitig beeinflussen.

Für mich dreht sich die Diskussion nicht primär um das Ausmaß an Homeoffice oder Präsenzarbeit, die sinnvoll ist. Vielmehr steht folgende Überlegung im Vordergrund: Was benötigen wir als Team, um effizient, authentisch, wertschöpfend und gesund zusammenzuarbeiten? In diesem Zusammenhang sind Führungskräfte besonders gefordert, den spezifischen Mix zu identifizieren, der eine praktikable Vielfalt ermöglicht und die individuellen sowie kollektiven Bedürfnisse berücksichtigt. Es geht darum, eine Arbeitsumgebung zu schaffen, die Flexibilität bietet und gleichzeitig die Produktivität und das Wohlbefinden aller Teammitglieder fördert. Ebenso wesentlich ist das schon im ▶ Kap. 2 erwähnte Thema der Introspektion. Führungskräfte und Teammitglieder sollten regelmäßig die Zeit nehmen, um in sich zu gehen und ihre eigenen Bedürfnisse, Stärken und Schwächen zu reflektieren. Diese Selbstreflexion ist entscheidend, um zu verstehen, welche Arbeitsbedingungen am besten zu jedem Einzelnen passen und wie diese in das Gesamtkonzept des Teams integriert werden können. Durch Introspektion können sowohl individuelle als auch teambezogene Herausforderungen besser verstanden und adressiert werden, was letztlich zu einer stärkeren und authentischeren Teamdynamik führt.

So, aber nun zu den versprochenen Studien.

Eine Studie der Universität Konstanz vom Oktober 2022 kommt zu folgenden Ergebnissen. Der Wunsch nach Homeoffice und mobilem Arbeiten blieb mit durchschnittlich 2,9 Tagen pro Woche über die gesamte Studie konstant. Zudem zeigt sich ein starkes Bedürfnis nach hybrider Arbeit: So gaben im April 2022 64 % der Befragten an, dass sie sich eine Arbeitssituation wünschen, in der sie flexibel sowohl zu Hause als auch im Büro ihrer Arbeit nachgehen können. Nur 10 % bevorzugen die ausschließliche Arbeit im Büro und 26 % würden gerne Vollzeit von zu Hause aus arbeiten (Kunze & Zimmermann, 2022).

Diese Ergebnisse bestätigen den aktuellen Trend zur hybriden Arbeit. Der Wunsch nach individueller Flexibilität bei der Wahl des Arbeitsortes wird deutlich.

Auch die KOFA-Studie 2022 (Kompetenzzentrum Fachkräftesicherung) zeigt, dass die Unternehmen davon ausgehen, dass immer mehr der Beschäftigten die Möglichkeit des mobilen Arbeitens oder Homeoffice nutzen werden. Sowohl Führungskräfte als auch Mitarbeitende ohne Personalverantwortung können im Vergleich zu 2019 in einem grösseren zeitlichen Umfang mobil arbeiten (Koneberg et al., 2022).

Für 2019 gaben nur 15,3 % der Unternehmen an, dass ihre Mitarbeitenden mehrere Tage pro Woche mobil arbeiten können, 2022 waren es schon fast 30 %. Auch bei den Führungskräften ist ein Anstieg von 23,4 % im Jahr 2019 auf 34,1 % im Jahr 2022 zu verzeichnen (Koneberg et al., 2022).

10

Sie sehen, der Wunsch nach hybrider Arbeitsmöglichkeit ist da, er hat sich sogar verstärkt und gleichwohl müssen wir uns immer die Frage stellen, wie weit wir mitgehen können. Ab wann ist der Wunsch nicht mehr realisierbar und vielleicht auch nicht mehr zielführend. Also – kurz gesagt – eine kritische Auseinandersetzung ist erfolgsentscheidend.

10.2 Arbeitsleben und Privatleben verschwimmen

Viele von uns sind hier mit einem Dilemma konfrontiert. Wie schaffe ich die Balance zwischen Privatzeit und Arbeitszeit? Aus eigener Erfahrung kann ich sagen, dass es verdammt schwer ist, diese Abgrenzung zu realisieren. Ich schaffe Homeoffice nur, wenn die Kinder in der Schule sind oder noch schlafen – und sogar dann bin ich jedes Mal überrascht von mir, wie viele Dinge ich im Haushalt auf einmal noch erledigen „muss". Oder was mir gerade zwischendurch noch einfällt, was noch dringend zu tun ist.

Durch die zunehmende Flexibilität in der Arbeitswelt verschwimmen eben genau diese klaren Abgrenzungen zwischen unterschiedlichen Lebensbereichen wie Beruf und Privatleben. Dies erfordert von den Menschen, die in mobilen Arbeitsmodellen tätig sind, dass sie ihre persönlichen Grenzen zwischen diesen Bereichen neu definieren und das eigene Verhalten sowie die eigenen Bedürfnisse hinterfragen.

Besonders für Personen, die im Homeoffice arbeiten, ist es von grosser Bedeutung, bewusst Grenzen zwischen ihrer Arbeit und ihren familiären Verpflichtungen zu setzen, da sie in ihrem Zuhause sowohl berufliche als auch familiäre Rollen wahrnehmen. Und hier haben wir noch eine andere Facette der Abgrenzung – ich nenne es jetzt mal „Tapetenwechsel". Wir Menschen brauchen, um langfristig gut, effizient und/oder kreativ arbeiten zu können, Abwechslung im Gehirn (Reichhart & Pusch, 2023). Das fördert die Kreativität (Lu et al., 2017) und erleichtert das produktive Arbeiten. Wenn Menschen im Homeoffice sind, bleiben sie oft nur im Umkreis der Wohnung oder des Hauses. Das erschwert natürlich bereits rein optisch die Abgrenzung und das Gehirn bekommt zu wenig externe Impulse. Das ist ein superspannender Prozess, den man zumindest mal durchdenken sollte.

Dann gibt es noch eine Facette der Abgrenzung, die für uns Menschen eigentlich ein wichtiger Faktor ist. Nämlich die Fahrt ins Büro! Die hat durchaus und berechtigterweise seine mentalen und emotionalen Vorteile. Denn in dieser „Reisezeit" hat man die Möglichkeit, Themen vom Office auch bewusst „gehen" zu lassen oder ihnen im wahrsten Sinne des Wortes davonzufahren.

10.3 Teamgeist sinkt, aber Arbeitgeberattraktivität steigt

Ist eigentlich paradox. Das hat damit zu tun, dass das eine von innen heraus wirkt und das andere von Aussen wahrgenommen wird. Die Frage ist, ob Sie in Ihrem Unternehmen hybrides Arbeiten sinnvoll und nachhaltig leben wollen und können oder ob Sie vor allem nach Aussen hin hybrides Arbeiten gut verkaufen wollen.

Die hybride Arbeitswelt ist gar nicht so einfach zu navigieren und präsentiert Unternehmen einige Herausforderungen, aber – wenn man den richtigen Mix hat – auch zahlreiche Chancen. Um diese zu analysieren, hat das KOFA (Kompetenzzentrum Fachkräftesicherung) den Einfluss der hybriden Arbeit in einer umfangreichen Unternehmensbefragung untersucht.

Insbesondere im Bereich der Führungskultur ergeben sich Herausforderungen: Über die Hälfte der befragten Unternehmen (52,3 %) berichtet von erhöhten Anforderungen an Führungskräfte aufgrund der hybriden Arbeitsmodelle (Koneberg et al., 2022). Was mich jetzt absolut nicht verwundert – es ist völlig logisch – dass Führen im Kontext der Nähe einfacher ist als im Kontext der Distanz. Der spontane Austausch fehlt, die schnelle Information am Flur, das kurze Meeting zum Thema und vielleicht sogar einmal das spontane Feierabendbier zu zusammen. Das sind unglaublich wichtige Elemente, wenn man gut miteinander arbeiten will.

Die Ergebnisse bestätigen auch meine Beobachtung und Sichtweise. Sie zeigen, dass ein Rückgang des Teamgeistes (55,2 %) und reduzierte Möglichkeiten für Wissensaustausch und Vernetzung (35,5 %) als nachteilige Auswirkungen der hybriden Arbeit wahrgenommen werden. Und das ist, wenn ich das so sagen darf, nicht ganz ungefährlich., denn Teamgeist ist ein starker Motor für Performance und Loyalität (Koneberg et al., 2022).

Mittlerweile sind Defizite beim hybriden Arbeiten auch sichtbarer geworden. Unternehmen sind der Meinung, dass die individuelle Arbeitsleistung aufgrund der hybriden Arbeit weniger offensichtlich ist (35,9 %) (Koneberg et al., 2022). Diese Aussagen der Firmen sind auch verständlich und nachvollziehbar. Es braucht sehr viel Vertrauen und gegenseitiges Verständnis, um das hybride Arbeiten als aktiven Bestandteil in den Arbeitsalltag zu integrieren. So einfach geht das nämlich oftmals gar nicht – zumindest nicht auf Dauer. Man verliert Nähe zueinander. Das muss kein Show-Stopper werden, aber man muss es gut ausbalancieren.

Wir haben aber auch spannende Chance, die sich durch die hybride Arbeit auch ergeben! Fast die Hälfte der befragten Unternehmen (48,8 %) stellt eine gesteigerte Attraktivität für Arbeitgeber fest. Zudem berichten knapp vier von zehn Unternehmen von einer gesteigerten Motivation und Zufriedenheit ihrer Mitarbeitenden (38,1 %) sowie von erhöhter Flexibilität im Unternehmen (39,5 %). Viele Unternehmen sehen auch verbesserte Möglichkeiten zur Fachkräftesicherung durch hybride Arbeitsmodelle (28,6 %), beispielsweise durch die Anwerbung neuer Fachkräfte oder die Erweiterung der Arbeitszeit für Teilzeitkräfte (Koneberg et al., 2022).

Wir dürfen aber eines nicht vergessen, und da bin ich durchaus wieder eine mahnende Stimme: Diese Studien beziehen sich auf einen kurzen Zeitraum. Wir haben noch nicht wirklich viel Erfahrung mit diesen hybriden Arbeitsweisen. Das Schöne ist, wir dürfen immer weiter lernen, ausprobieren und studieren.

Der mahnende Teil ist, dass wir kritisch bleiben müssen, nicht aus falschen Gründen zu viel Zugeständnisse machen, sondern einen Konsens finden, der sich über einen längeren oder sogar langen Zeitraum bewährt. Das heisst für uns aber – und für alle Führungskräfte unter Ihnen noch mehr – wir müssen gemeinsam nach Lösungen suchen, die in sich und mit uns stimmig sind.

10.4 Einsamkeit

Jetzt haben wir gleich noch ein sehr brisantes Thema, dessen Tendenz massiv steigend ist. Auf der Erde gibt es immer mehr Menschen – und trotzdem zeigt sich: Die Einsamkeit nimmt weltweit enorm zu. In Deutschland zum Beispiel fühlten sich 2021 42 % einsam, Grund dafür war unter anderem die Corona-Pandemie (Entringer, 2022). Corona ist nun vorbei, aber die Einsamkeit ist geblieben und vermehrt sich weiter wie ein neuer Virus.

Eine wichtige Erkenntnis ist auch, dass es nicht nur ältere Personen sind, die sich einsam fühlen. Während der Corona-Pandemie waren junge Menschen enorm stark von Einsamkeit betroffen (Entringer, 2022). Auch soziale Medien konnten das Wegfallen der sozialen Kontakte nicht kompensieren. Und da bringe ich wieder meinen Buzz-Satz ins Spiel: Menschen brauchen Menschen, und zwar echte, die vor einem stehen oder sitzen!

Inzwischen hat auch die Politik erkannt, dass Einsamkeit ein gesellschaftlich relevantes und prägendes Problem darstellt. Menschen unterschiedlicher sozialer Schichten, Altersgruppen und Geschlechter sind von Einsamkeit betroffen (Entringer, 2022), und internationale Perspektiven zeigen, dass die Einsamkeit tendenziell zunimmt, anstatt abzunehmen. Die Auswirkungen von Einsamkeit können erheblich sein. Im Gesundheitsbereich kann Einsamkeit bestimmte Krankheiten auslösen oder verschlimmern, wie Herz-Kreislauf-Erkrankungen oder Diabetes, aber auch psychische Probleme wie Angststörungen und Depressionen (Hawkley & Cacioppo, 2010).

Der Mediziner Vivek Murthy bekleidete unter Präsident Obama das Amt des Surgeon General der Vereinigten Staaten und war für zentrale Gesundheitsfragen des Landes verantwortlich. In seinen Beobachtungen als Arzt kam er zu dem Schluss, dass klassische Gesundheitsprobleme wie Herzinfarkte oder Diabetes weniger das Hauptproblem der Menschen darstellten. Vielmehr erkannte er, dass die Einsamkeit zu einer immer drängenderen Herausforderung wurde. Murthy sprach von einer „Krise der Einsamkeit", einem Problem, das längst die gesamte Gesellschaft betrifft (Murthy, 2020).

Schauen wir uns in diesem Zusammenhang das Beispiel des mobil arbeitenden Menschen an, der definitionsgemäss von seinem Arbeitsplatz und den damit verbundenen sozialen und beruflichen – und vor allem spontanen – Interaktionen regelmässig abgeschnitten ist. Oder wenn man es „pro mobil formuliert", verschiedene Wahlmöglichkeiten an Arbeitsstätten hat, dann sind wir mit Einsamkeit und Isolation als zentrale Herausforderungen des mobilen Arbeitens konfrontiert. Ob wir das nun wahrhaben wollen oder nicht.

Viele Menschen in der heutigen Arbeitswelt glauben tatsächlich, dass die viel diskutierte digitale Vernetzung kombiniert mit dem Slogan „Arbeite überall und wann immer du willst" wirklich zur Natur des Menschen passt. Dies zeigt sich auch in Begriffen wie „Workation", ein Kofferwort aus den englischen Begriffen „work" und „vacation", das die aktive Verknüpfung von Arbeit und Urlaub beschreibt. In der Praxis bedeutet Workation, dass der Arbeitsplatz an einen attraktiven Ort oder in eine coole Urlaubsdestination verlagert wird. Dieses Konzept wird mittlerweile sehr stark beworben und als Teil von „New Work" gefeiert.

Trotzdem ist dieses Konzept mit Vorsicht zu geniessen. Denn das, was sich erstmals cool anhört, kann oft mit viel Stress verbunden sein. Ich selbst arbeite bereits seit Jahren auf diese Art und Weise, sogar lange bevor es fancy Begriffe dafür gab. Aus eigener Erfahrung kann ich sagen, dass es enorme Disziplin erfordert, um nicht ständig vor dem Laptop zu kleben. Als man mich nach den letzten Herbstferien fragte, wie es an der Côte d'Azur war, lautete meine Antwort: Die Umgebung war schön, die Terrasse auch ... Aber am Ende des Tages plagte mich oft ein schlechtes Gewissen, weil ich zu wenig Zeit mit meiner Familie verbracht hatte. Manchmal klappe ich den Laptop zu und fühle mich einsam, obwohl ich den ganzen Tag über Videoanrufe mit verschiedenen Menschen hatte. Doch in Wirklichkeit war ich weder bei diesen echten Menschen noch bei meiner realen Familie.

10.5   Vertrauen unter Kollegen

Wir kämpfen grundsätzlich mit dem Grundwert Vertrauen – Vertrauen geben, Vertrauen haben, das hat sehr stark mit unserer globalpolitischen Problemlage zu tun, genauso wie mit unseren gesellschaftlichen Richtungen und Gegenrichtungen.

Es wäre naiv zu glauben, dass sich diese Problematik nicht bis ins Arbeitsleben zieht. Was aber hier auch noch dazu kommt, ist, dass Vertrauen eine sehr fragile Angelegenheit ist. Es braucht lange, bis man es aufgebaut hat, es geht aber relativ schnell, dass es wieder zerstört oder stark reduziert wird. Zum einen hat das damit zu tun, wie man miteinander umgeht, was in modernen, offenen Office-Strukturen natürlich an sich bereits eine Herausforderung ist. Zum anderen hat es aber auch damit zu tun, ob man sich sieht oder nicht, beziehungsweise ob man sich real oder virtuell sieht.

Die Beziehung zwischen Kollegen ist ein zartes Band, das sich im Laufe der Zeit entwickelt. Während Zeiten des Wandels, wie wir ihn seit ein paar Jahren erleben, von sehr analog zu extrem digital, wird nicht nur die Sensibilität dieser Beziehung verstärkt, sondern auch ihre Fragilität. Plötzlich können selbst kleinste Unterschiede zu entscheidenden Veränderungen führen.

Mittlerweile gibt es fundierte Ergebnisse aus diversen Studien, die aufzeigen, welche Folgen zu viel „persönlicher Abstand" auf die Beziehung zwischen Kollegen und deren Vertrauensbasis haben kann.

Im Juni 2021 führte die Universität Konstanz eine Umfrage durch, um herauszufinden, ob die Pandemie und die damit einhergehende Arbeitsweise negative Auswirkungen auf die emotionale Verbundenheit der Befragten mit ihren Kollegen hatten. Bei der Auswertung der Ergebnisse wurden die Befragten in drei Gruppen eingeteilt:
(1) Personen, die hauptsächlich im Büro arbeiteten
     (weniger als 33 % ihrer Tätigkeit mobil).
(2) Personen, die hybride Arbeit praktizierten
     (zwischen 34–65 % der Tätigkeit mobil)
(3) Personen, die hauptsächlich mobil von zu Hause aus arbeiteten
     (mehr als 66 % der Tätigkeit mobil)

Insgesamt gaben 27 % aller Teilnehmer an, dass sie seit Beginn der Pandemie eine geringere emotionale Bindung zu ihren Kollegen verspürten. Dieses Empfinden hing stark davon ab, in welchem Arbeitsmodell die betreffende Person tätig war – ob sie überwiegend vor Ort im Büro, in hybriden Strukturen oder im Homeoffice gearbeitet hat (Kunze & Zimmermann, 2022).

Im Detail zeigte sich, dass nur 21 % der Mitarbeitenden, die hauptsächlich im Büro arbeiteten, eine reduzierte emotionale Bindung zu ihren Kollegen verspürten. Bei den hybriden Arbeitsmodellen waren es 29 % der Befragten, die von einer abnehmenden emotionalen Verbundenheit berichteten. Bei den Personen, die hauptsächlich von zu Hause im Homeoffice tätig waren, gaben sogar 33 % an, dass ihre emotionale Bindung zu den Kollegen nachgelassen hatte (Kunze & Zimmermann, 2022).

Die Ergebnisse deuten darauf hin, dass das Vertrauen und die emotionale Verbundenheit innerhalb von Teams und Unternehmen insbesondere für Mitarbeitende in hybriden und vorwiegend mobilen Arbeitsumgebungen zu einer Herausforderung werden, die von Organisationen und ihren Führungskräften angegangen werden muss (Kunze & Zimmermann, 2022).

Eine weitere sehr spannende Studie vom Massachusetts Institute of Technology aus dem Jahre 2022, die nicht nur Pandemie-bedingte Veränderungen im Verbundenheitsgefühl und Einsamkeitsgefühl von Personen untersuchte, kam zu sehr ähnlichen Ergebnissen (Knight et al., 2022).

Das stellt uns vor grosse Herausforderungen, denn wir haben es hier mit einer sehr tiefgreifenden Emotion zu tun, die sich nicht per „Kopfdruck" aus- und einschalten lässt.

Es ist klar und eindeutig, dass der Wunsch nach hybrider Arbeit bei den Arbeitnehmenden bestehen bleibt und dass durch die Pandemie auch die Einstellungen der Arbeitgeber zu flexiblen Arbeitsregelungen revolutioniert wurden. Viele Mitarbeitenden wollen die Vorteile der Heimarbeit zumindest teilweise weiterhin nutzen, doch mit der Zeit werden die Kosten dieses Ansatzes immer deutlicher.

Während Mitarbeitende die Zeitersparnis, den Wegfall des Pendelstresses und die Flexibilität zur besseren Vereinbarung von Beruf und persönlichen Anforderungen schätzen, hat die Arbeit im Homeoffice unübersehbare Nachteile, die über häusliche Ablenkungen und verschwommene Grenzen zwischen Arbeit und Privatleben hinausgehen.

Insbesondere verändern sich nachweislich die Qualität, Häufigkeit und Art der Interaktionen, wenn Kollegen physisch voneinander getrennt sind, und es gibt weniger dynamische, spontane Kommunikation (Knight et al., 2022).

Wenden wir uns zu diesem Thema jetzt der Gehirnforschung zu. Neurowissenschaftliche Forschung hat ergeben, dass nur persönliche Begegnungen die vollständige Palette physiologischer Reaktionen und neuronaler Synchronisation auslösen, die für eine optimale menschliche Kommunikation und den Aufbau von Vertrauen erforderlich sind. Weiters kam heraus, dass digitale Kanäle wie Videokonferenzen unsere Verarbeitung kommunikativer Informationen stören. Solch eingeschränkte virtuelle Interaktionen können zu statischen und abgeschotteten Kollaborationsnetzwerken, Arbeitnehmern mit einem verringerten Zugehörigkeitsgefühl zu ihrer Organisation und sozialer sowie beruflicher Isolation führen (Yang et al., 2022).

10.6   Vertrauen zu den Vorgesetzen

Aber wie sieht es denn jetzt aus mit dem Vertrauen zum Vorgesetzen? Auch das ist natürlich, gerade in modernen, offenen Arbeitswelten ein nicht zu unterschätzendes Themenfeld. Ich habe vor kurzem einen Artikel über die Wichtigkeit von „High trust companies" gelesen. Und was mich doch überrascht hat war, dass Misstrauen, somit das Gegenteil von Vertrauen auf beiden Seiten vorhanden ist. 38 % der Manager sind skeptisch gegenüber ihren remote arbeitenden Mitarbeitern, und jetzt kommt noch obendrauf: Die Hälfte der Mitarbeiter fühlen sich generell „micro-managed" (Lamothe et al., 2021).

Das sind für mich interpretationsstarke Ergebnisse.

Da stellt sich die Frage, wie Unternehmen den Übergang zu regelmässigem Remote Working geschafft haben und wie sich das auf das Vertrauen ausgewirkt hat? Das Capgemini Research Institut hat hier interessante Ergebnisse geliefert.

Die Burnout-Raten von remote arbeitenden Mitarbeitenden nehmen signifikant zu. Über die Hälfte der Mitarbeitenden fühlt sich aufgrund der mobilen Arbeit und Homeoffice ausgebrannt, und bei den jüngeren Mitarbeitern im Alter von 31–40 Jahren steigt diese Zahl sogar auf 61 %. Mitarbeitende äussern Bedenken hinsichtlich der langfristigen Fernarbeit, was sich auf ihr Engagement, ihre Zufriedenheit und auch ihre Produktivität negativ auswirkt. 56 % fürchten die Belastungen und Anforderungen des ständigen „online sein". Mitarbeitende haben auch das Gefühl, dass ihnen die Organisation nicht genug vertraut und sie zu stark kontrolliert. Weiter fühlen sich neue Mitarbeitende in einer Remote-Umgebung verloren und nicht eingebunden. Die Hälfte von ihnen gab an, sie würden kündigen, wenn das mobile Arbeiten die einzige Option wäre (Crummenerl et al., 2020).

Weitere Ergebnisse der Universität Konstanz zeigen auf, wie sich die Vertrauensbeziehung von Mitarbeitenden gegenüber ihrer Führungskraft entwickelt hat. Immerhin haben spannende 10 % aller Befragten haben hier den Eindruck, dass ihr Vorgesetzter ihnen weniger vertraut seit Beginn der Pandemie (Kunze & Zimmermann, 2022). Das finde ich schon mal ein Indiz dafür, dass Ferne zwischen Menschen – auch im Fall von arbeitenden Menschen – Problematiken birgt.

Erneut ist es interessant, die Ergebnisse nach den Teilnehmenden zu unterteilen, die hauptsächlich in Präsenz, in hybriden oder mobilen Arbeitsmodellen tätig sind. Von den Befragten, die vorwiegend im Büro arbeiten, berichteten 9 %, dass sich ihre Beziehung zu ihren Vorgesetzten verschlechtert hat. Bei denjenigen, die ausschliesslich mobil arbeiten, waren es 7 %, und bei den hauptsächlich hybriden Arbeitenden gaben sogar 14 % an, dass ihr Vertrauensverhältnis zu ihren Führungskräften gelitten hat (Kunze & Zimmermann, 2022).

Diese Ergebnisse legen nahe, dass insbesondere in hybriden Arbeitsumgebungen das Vertrauensverhältnis zwischen Führungskräften und Mitarbeitenden eine Herausforderung ist, die angegangen werden muss.

Und sie zeigen für mich deutlich, dass Vertrauen durch wichtige Elemente und Umgangsformen gefördert beziehungsweise gehemmt werden kann.

10

Element eins: Viele Mitarbeitenden fühlen sich von ihren Vorgesetzten kontrolliert und haben das Gefühl, zu wenig Freiheiten zu bekommen. Das finde ich unglaublich spannend, weil ich viele andere Erfahrungen gemacht habe, die diese Aussage zumindest relativieren. Ich erlebe oft, dass Mitarbeitende zwar mehr Verantwortung und mehr Freiraum haben möchten, dies aber im Gegensatz zu ihrer Leistung steht. Sie können einfach schlichtweg nicht liefern – und das ist schlussendlich sehr zeitraubend für alle Beteiligten. Ich beobachte das regelmässig bei Kunden, aber auch bei uns im Unternehmen, dass die Selbstwahrnehmung nicht immer der Fremdwahrnehmung entspricht. Und das macht es natürlich auch relativ schwierig, damit umzugehen, weil wir uns ja auch in einer sehr inklusiven und „woken" Gesellschaft bewegen und uns auch bewusst sein müssen, wie die Menschen im Moment auf das Weltgeschehen und auf Trends reagieren. Das sind alles Faktoren, die wir nicht komplett ausser Acht lassen dürfen, denn das beeinflusst enorm, wie Menschen über sich selbst und andere denken.

Element zwei ist für mich ganz klar die räumliche Nähe. Wir Menschen brauchen Menschen, denn auf Dauer ist Abstand und zu viel virtueller Kontakt kontraproduktiv in jeglicher Hinsicht. Wir können alles noch so schönreden, der Mensch hat einen Herdentrieb und der ist evolutionsbiologisch extrem sinnvoll. Es geht darum, das endlich zu verstehen und Arbeitswelten zu schaffen, die diesen Gedanken unterstützen. Dazu müssen wir aber auch anfangen, neu zu denken.

Element drei ist im Prinzip die Königsdisziplin. Das Zauberwort ist Authentizität. Um eine echte Chance zu haben, etwas Positives zu bewegen und vor allem die Menschen wirklich zu erreichen, ist eine authentische Handlungs- und Denkweise das A und O. Und damit meine ich es wörtlich: Es ist der Anfang und das Ende in jeder Situation. Wir Psychologen sprechen von sogenannten „ehrlichen Signalen", die andere Menschen wahrnehmen und welche unsere echte Haltung nach aussen transportiert – ob wir das nun wollen oder nicht! Auch dieses Prinzip stammt aus Urzeiten und war dazumal überlebenswichtig. Da konnte man nicht die ganze Zeit über etwas diskutieren und über Vor- und Nachteile debattieren. Handeln oder Sterben, Flucht oder Angriff, Ende der Durchsage. Und dazu brauchten wir schnelle und ehrliche Signale, die fern der Sprache waren. Nicht umsonst besagt ein altes Sprichwort: Reden ist Silber – Schweigen ist Gold. Wir sollten manchmal weniger reden, dafür mehr handeln oder sogar einfach nur mal „sein".

10.7 Was bedeutet das für die Führungskraft?

10.7.1 Für Führungskräfte

Ich würde empfehlen, sich mit den drei oben beschriebenen Elementen Kontrolle, Nähe, Authentizität genauer auseinanderzusetzen und auch mal in sich hineinzuhören, wie es einem selbst damit geht. Denn es ist wichtig, sich selbst mit dem Thema auseinanderzusetzen und aktiv Aspekte auch auf sich bezogen zu analysieren. Auch als Führungskraft ist man im ständigen Spannungsfeld, weil man teilweise natürlich auch hybrid arbeitet.

Führungskräften kommt auch hier eine Schlüsselrolle zu, da sie einiges in Bewegung setzen können, um Gefühle von Einsamkeit und Isolation zu reduzieren. Aber es geht nicht darum, in operative Hektik auszubrechen und schnelle Lösungen zu finden, sondern zuerst geht es vor allem einmal um Selbstreflexion und aktives Zuhören.

Ich finde es enorm wichtig, dass eine Führungskraft ihren eigenen Zugang findet, um in neuen Arbeitswelten so zu führen, dass es alle im Team (einschliesslich Führungskraft) weiterbringt. Um dies umzusetzen, ist jedoch eine kritische Auseinandersetzung unabdingbar. Denn glauben Sie mir, man kann es eh nie allen recht machen, sondern nur sein authentisches Bestes geben! Und wenn Sie das schaffen, dann sind Sie einen Riesenschritt weiter.

Jede Reise beginnt mit dem ersten Schritt …

10.7.2 Für Mitarbeitende

Führungskräfte sind auch hier besonders gefragt, damit eine Chance besteht, das fragile Gefüge zusammenzuhalten und niemanden auf der Strecke zu verlieren. Das kann durchaus schwierig sein, da eine Vielzahl an „ich's" zusammenkommen. Wir sprechen zwar immer alle vom „wir", aber viele Menschen handeln sehr stark aus der „ich"-Perspektive. Das ist grundsätzlich absolut okay und macht uns auch aus.

Aber diese Sicherheit genügt nur bis zu einem gewissen Punkt, denn nachhaltiges Überleben – und hier beziehe ich mich erneut auf die Evolutionsbiologie – ist nur gewährleistet, wenn wir in der Gemeinschaft bleiben. Obwohl wir heute keine Säbelzahntiger mehr fürchten müssen, die an jeder Ecke lauern, besteht eine andere Art von Bedrohung, nämlich Vereinsamung, soziale Isolation, Frustration, Traurigkeit und ähnliche Herausforderungen. Unsere Kämpfe sind im Grunde die gleichen wie vor 100.000 Jahren, nur dass wir heute andere Werkzeuge einsetzen und andere Konsequenzen haben, aber – so oder so – sie gehen ans Eingemachte.

Jetzt aber zurück zu aktiven Möglichkeiten, die Sie gleich schon einsetzen können. Denn es ist manchmal auch wichtig, ein paar Quick-Wins zu generieren.

In vielen meiner Projekte mit Kunden haben sich einige Handlungsempfehlungen für Mitarbeitende bewährt, die eine unterstützende Wirkung haben können:

- Ganz bewusst gemeinsame Mittagessen oder Kaffeepausen organisieren.
- Gegenseitiges Verständnis und Austausch aufbauen.
- Angebote von Co-Working-Spaces nutzen.
- Den Beitrag von mobil Arbeitenden wertschätzen und ihnen das Gefühl vermitteln, dass ihr Wohlergehen wichtig ist und Unterstützung aktiv anbieten
- Jemanden Verantwortlichen benennen, der sich gezielt um die Belange von mobil Arbeitenden kümmert – sich beispielsweise mit ihnen regelmässig austauscht, sie mit Informationen versorgt oder auch Socializing und Network Events organisiert.
- Ein offenes Ohr haben.
- Mit offenen Augen durchs Büro gehen.
- Den Mut haben, selbst Dinge auszuprobieren.

Es ist von grosser Bedeutung, dass im Team ein offener Austausch und eine ehrliche, authentische Kommunikation zwischen allen Teammitgliedern gefördert wird. Es ist wichtig, dass auch die Aspekte des hybriden und mobilen Arbeitens kritisch betrachtet und besprochen werden, und dass sich das Team aktiv damit auseinandersetzt, was gut funktioniert und was weniger gut funktioniert.

Literatur

Crummenerl, C., Paolini, S., Perronet, C., Lamothe, I., Ravindranath, S., Schastok, I., Buvat, J., Manchanda, N., Aggarwal, G., & Chakraborty, A. (2020). The future of work: From remote to hybrid. Capgemini Research Institute. Luettavissa: https://www.capgemini.com/fi-en/wp-content/uploads/sites/27/2020/12/Report-The-Future-of-Work.pdf. Luettu, 2. Zugegriffen am 21.12.2023.

Entringer, T. (2022). *Epidemiologie von Einsamkeit in Deutschland. Institut für Sozialarbeit und Sozialpädagogik e V Kompetenznetz Einsamkeit*. Institut für Sozialarbeit und Sozialpädagogik.

Hawkley, L. C., & Cacioppo, J. T. (2010). Loneliness matters: A theoretical and empirical review of consequences and mechanisms. *Annals of Behavioral Medicine, 40*(2), 218–227.

Knight, C., Olaru, D., Lee, J., & Parker, S. (2022). The loneliness of the hybrid worker. *MIT Sloan Management Review. 63(4)*, 10–12.

Koneberg, F., Lehr, J., Seyda, S., & Werner, D. (2022). Herausforderungen und Chancen hybrider Arbeit (Kompetenzzentrum Fachkräftesicherung) (KOFA). https://www.kofa.de/daten-und-fakten/studien/herausforderungen-und-chancen-hybrider-arbeit/. Zugegriffen am 21.12.2023.

Kunze, F., & Zimmermann, S. (2022). Die Transformation zu einer hybriden Arbeitswelt: Ergebnisbericht zur Konstanzer Homeoffice Studie 2020–2022. Kunze, F., & Zimmermann, S. Die Transformation zu einer hybriden Arbeitswelt: Ergebnisbericht zur Kon-stanzer Homeoffice Studie 2020–2022. 2022b. http://nbn-resolving.de/urn:nbn:de:bsz:352-2-ai5pzcioansj3. Zugegriffen am 21.12.2023.

Lamothe, I., Duruflé, B. T., & Kirstein-Bandmierowski, M. (2021). Trust at the Heart of Hybrid Working. Capgemini. https://www.capgemini.com/insights/expert-perspectives/trust-at-the-heart-of-hybrid-working/. Zugegriffen am 21.12.2023.

Lu, J. G., Akinola, M., & Mason, M. F. (2017). "Switching On" creativity: Task switching can increase creativity by reducing cognitive fixation. *Organizational Behavior and Human Decision Processes, 139*, 63–75.

Murthy, V. H. (2020). *Together: The healing power of human connection in a sometimes lonely World*. Harper Wave.

Reichhart, T., & Pusch, C. (2023). Wie der Mensch und sein Gehirn funktionieren. In *Resilienz-Coaching: Ein Praxismanual zur Unterstützung von Menschen in herausfordernden Zeiten*. Springer.

Yang, L., Holtz, D., Jaffe, S., Suri, S., Sinha, S., Weston, J., Joyce, C., Shah, N., Sherman, K., & Hecht, B. (2022). The effects of remote work on collaboration among information workers. *Nature Human Behaviour, 6*(1), 43–54.

Der physische Raum

Inhaltsverzeichnis

© Der/die Autor(en), exklusiv lizenziert an Springer-Verlag GmbH, DE, ein Teil von Springer Nature 2024
S. Gauer, *Führen im Zeitalter neuer Arbeitswelten*, https://doi.org/10.1007/978-3-662-68538-9_11

11.1 Führung und Architektur

» „Jede neue Situation verlangt eine neue Architektur."Jean Nouvel (franz. Architekt)

Architektur zeichnet sich durch ihre Unverwechselbarkeit aus. Im Gegensatz zu anderen Branchen, in denen Eigenschaften wie Wiederholbarkeit angestrebt werden, sind diese Konzepte in der Architektur nur begrenzt anwendbar. Der Architekt muss sich mit verschiedenen Faktoren wie Typografie, Klima und regionalen Ressourcen auseinandersetzen und eine passende und einzigartige Lösung finden.

Unsere modernen Arbeitsumgebungen, die oft sogar architektonische Meisterwerke sind, rütteln dann doch an mir und ich stelle mir die Frage, ob die Planung und Umsetzung tatsächlich den Anforderungen des Unternehmens und den Bedürfnissen der Mitarbeiter gerecht werden. Aus meiner persönlichen Erfahrung muss ich feststellen, dass Unverwechselbarkeit und eine „der Situation angepasste" Herangehensweise häufig fehlen.

Ich habe nun einen Gap erkannt, den eine Führungskraft nicht alleine bewältigen kann. Dennoch kann eine Führungskraft sicherlich auf diesen fehlenden Abgleich hinweisen. Noch effektiver wäre es jedoch, gleich zu Beginn die richtigen Fragen zu stellen. Oftmals sind bestimmte Aspekte nicht aus Unachtsamkeit in Vergessenheit geraten, sondern wurden schlichtweg in der vorherrschenden Denkweise und den üblichen Handlungsabläufen nicht berücksichtigt. Durch das Stellen gezielter Fragen kann eine Führungskraft dazu beitragen, dass solche Lücken frühzeitig erkannt und adressiert werden, um den Gesamtprozess effektiver zu gestalten. Dies ermöglicht es dem Team, bewusster und umfassender an Herausforderungen heranzugehen und fördert eine umsichtige Herangehensweise in der Projekt- und Arbeitsplanung.

Dabei haben wissenschaftliche Studien ergeben, dass mithilfe der Architektur die Zufriedenheit der Mitarbeiter beeinflusst werden kann (Metaj, 2019). Die physische Gestaltung und Anordnung von Räumen haben auch einen erheblichen Einfluss auf die Interaktion zwischen den Mitarbeitern (Sugiyama et al., 2021; Weber et al., 2022). Es braucht eine Organisationskultur, die den Zusammenhalt, die Unterstützung, gute Beziehungen und Transparenz gezielt durch Prozesse, Strukturen, Kulturen und dazu passende Räume fördert. Diese Elemente sind das, was den Anforderungen an eine gesunde Organisationskultur und angemessenes Führungsverhalten entspricht.

Ein weiterer Faktor, der auch zur Unternehmenskultur gehört, ist das Mitspracherecht bei der Gestaltung des Arbeitsumfelds, das sich positiv auf die Zufriedenheit auswirkt, während starre Vorgaben einen negativen Effekt haben können (Rolfö, 2018).

Aus meiner Erfahrung kann die Zufriedenheit der Mitarbeitenden positiv beeinflusst werden, wenn diesen die Möglichkeit geboten wird, flexibel zwischen festen Arbeitsplätzen und mobilen Arbeitsmöglichkeiten zu wählen. Dies trägt auch zur Steigerung der Motivation bei. Dabei ist es entscheidend, ein Gleichgewicht zwischen den Bedürfnissen der Mitarbeitenden und den Möglichkeiten des Unternehmens zu finden. Eine „Win-Win-Situation" auf beiden Seiten ist notwendig, um eine effektive und nachhaltige Umsetzung sicherzustellen.

11.2 Architektonische und psychologische Erfolgsfaktoren

Im Laufe der Jahre hat sich unsere Vorliebe für trendiges, modernes und innovatives Bürodesign immer weiter gesteigert, aber gleichzeitig sind wir ein wenig blind geworden für unsere grundlegenden menschlichen Bedürfnisse. Wir haben unsere eigenen Antriebe zugunsten ästhetischer Designerlebnisse vernachlässigt, denn diese sind einfacher sichtbar.

Interessanterweise ist es nicht so sehr das klassische Bürodesign, das den entscheidenden Unterschied macht, sondern vielmehr die psychologischen Anreize und Hygienefaktoren. In meiner langjährigen Erfahrung in Kundenprojekten wurde mir dies deutlich bewusst, und mittlerweile wurde diese Erkenntnis auch von der Wissenschaft bestätigt (Maidani, 1991). Im Folgenden beschriebene Faktoren sind im Büroumfeld notwendig, um effizientes Arbeiten zu ermöglichen und ein angenehmes Arbeitsklima zu schaffen.

11.2.1 Räume gestalten – arbeitsplatzbezogene und architektonische Faktoren

Deutlich zeigt sich, dass Menschen eine Vorliebe dafür haben, in der Nähe von Fenstern zu sitzen und von dort aus eine gute Aussicht zu geniessen (Chang & Chen, 2005). Dieses Bedürfnis entspringt dem inneren Stressbewältigungsmechanismus und wird intuitiv verfolgt. Ein weiteres starkes Bedürfnis ist nach frischer Luft (Frontczak & Wargocki, 2011), was in modernen, energieeffizienten Gebäuden, in denen das Öffnen von Fenstern oft nicht möglich ist, zu einer wichtigen Angelegenheit wird. Hier stehen die menschlichen Bedürfnisse im Konflikt mit effizienter Gebäudetechnik.

Helle und freundliche Arbeitsumgebungen sind den Menschen wichtig, da sie diese als stimulierend und positiv aufladend empfinden (Colenberg et al., 2021). Helle Raumgestaltung wirkt in Büroumgebungen wie ein Schub von Vitamin D. Gleichzeitig ist es von Bedeutung, dass die Arbeitsplätze nicht zu eng beieinanderliegen, um eine gewisse Privatsphäre zu gewährleisten. Durch geschickte Zonierung ist dies problemlos realisierbar, wobei es wichtig ist, die individuellen Bedürfnisse sowie die Bedürfnisse von Teams zu berücksichtigen.

Zonierungen haben den Vorteil, dass sie die Räumlichkeiten optisch und akustisch unterteilen und die Gesamtatmosphäre fördern, was die Büroflächen attraktiver macht. Das Ambiente spielt eine bedeutende Rolle in der Skala der Mitarbeiterbedürfnisse. Es geht nicht darum, Designwettbewerbe zu gewinnen, sondern darum, das Arbeitsumfeld an die Organisationskultur, Kommunikationskultur und Arbeitsweisen der Teams anzupassen (Schein, 2010). Farbgestaltung, die den Wünschen der Mitarbeiter entspricht, trägt wesentlich zum Wohlbefinden und zur Konzentration bei, wobei farbpsychologische Aspekte (Küller et al., 2009) berücksichtigt werden sollten.

Was Mitarbeitende ebenfalls unterstützt, spezifisch den Stressabbau und das generelle Raumklima, sind Pflanzen in den Büroräumlichkeiten (Sanchez et al., 2018). Es ist faszinierend zu beobachten, wie Bilder von Pflanzen oder ebenso die Aussicht aus einem Fenster einen positiven Beitrag zu einer angenehmen Atmosphäre leisten. Im Büroalltag sollte die Devise „Sitzen, Stehen und Gehen" lauten, wobei dies nicht nur von der Möblierung abhängt, sondern vor allem von den Menschen selbst.

11.2.2 Menschen verstehen – strukturelle und psychische Faktoren

In agilen Arbeitsumgebungen steht die Flexibilität im Denken und Handeln im Vordergrund. Ein Schlüsselelement im Erreichen dieses Ziels sind flexible Arbeitszeiten. Meine praktische Erfahrung hat gezeigt, dass die Beziehungen zu Kollegen und Vorgesetzten für Mitarbeitende von besonderer Bedeutung sind. Die individuelle Persönlichkeit spielt in sämtlichen Arbeitsformen, sei es im Open-Space, Multispace oder traditionellen Strukturen, eine massgebliche Rolle.

Denn neben dem aktuell viel diskutierten Activity-Based-Working (ABW) trägt auch das Personality-Based-Working erheblich zur effizienten Nutzung von Räumen und zur Schaffung einer angenehmen Arbeitsatmosphäre bei. Jede Raumgestaltung wird durch die Menschen und ihre individuellen Persönlichkeiten geprägt, was wiederum beeinflusst, wie wir arbeiten und wie wir unsere Umgebung wahrnehmen (Hartog et al., 2018; Lindberg et al., 2016).

11.2.3 Mensch und Architektur – ein Zusammenspiel

11

Entscheidend ist, dass die Vielfalt der Persönlichkeiten der Menschen und die Kultur der Unternehmen in das Workplace Design einfliessen und als Ganzes betrachtet werden (◘ Abb. 11.1). Meine langjährige Erfahrung in der Praxis hat mir gezeigt, dass Menschen vor allem Menschen brauchen und das Büro mit dem erarbeiteten Workplace-Design sie primär unterstützt und nicht umgekehrt.

◘ **Abb. 11.1**   Verbindung von Mensch und Architektur. Es ist wichtig, dass das Zusammenspiel vom Erleben und Verhalten von Personen und der Architektur in der Gestaltung neuer Arbeitswelten berücksichtigt wird (Gauer Consulting), (Quelle: Eigene Darstellung)

11.3 Erkenntnisse aus der Forschung

11.3.1 Angestellte arbeiten gerne im Büro

Die Forscher von Steelcase führten eine umfassende Untersuchung verschiedener Einflussfaktoren durch, die deutlich das Engagement, die Produktivität, die kulturelle Verbundenheit und die Neigung zum Arbeitsplatzwechsel beeinflussen. Dabei wurden aktuelle Anliegen in der Geschäftswelt berücksichtigt, wie beispielsweise Vergütung und die Möglichkeit hybrider Arbeitsmodelle und weitere Faktoren wie Pendelzeit, Betriebszugehörigkeit und Unternehmensgrösse in den Blick genommen.

Nicht überraschend zeigen die Erkenntnisse (◨ Abb. 11.2), dass sich die Tatsache, ob Mitarbeitende gerne im Büro arbeiten oder nicht, am meisten auf das Mitarbeitendenengagement, die Produktivität und das Gefühl der Zugehörigkeit zur Organisation auswirkt. In Bezug auf die Mitarbeitendenbindung spielt in erster Linie die Dauer der Betriebszugehörigkeit eine entscheidende Rolle, gefolgt davon, wie gerne Mitarbeitende im Büro vor Ort arbeiten. Mitarbeitende, die Freude an ihrer Bürotätigkeit haben, sind laut Steelcase um 33 % engagierter, identifizieren sich um 30 % stärker mit der Unternehmenskultur, sind um 9 % produktiver und wechseln ihren Arbeitgeber 20 % seltener. Eine visuelle Darstellung dieser Erkenntnisse finden Sie in ◨ Abb. 11.2 (Steelcase Inc, 2022).

◨ **Abb. 11.2**   Auswirkungen davon, wenn Mitarbeitende gerne im Büro arbeiten auf Engagement, Produktivität, Identifikation mit der Unternehmenskultur und Arbeitgeberwechsel, basierend auf den im obigen Text erwähnten Ergebnissen von Steelcase (Gauer Consulting), (Quelle: Eigene Darstellung)

Diese beeindruckenden Zahlen verdeutlichen das Potenzial für Verbesserungen und Fortschritt. Genau aus diesem Grund bringe ich diese Erkenntnisse hier ein. Mein Hauptanliegen ist nicht ausschließlich die Analyse und das Erreichen dieser Zahlen, sondern vielmehr die Betonung der signifikanten Effekte, denen wir unsere Aufmerksamkeit widmen sollten. Dies ist besonders relevant in einer Zeit, in der die Arbeitsunfähigkeitsraten steigen, Fachkräftemangel herrscht, der Wunsch nach Teilzeitarbeit zunimmt und die Baby-Boomer-Generation in den Ruhestand tritt.

Jetzt ist der entscheidende Moment gekommen, um unsere Denkweise zu überdenken und zu evaluieren, wie wir die Arbeitswelt aktiv in unsere neue Realität integrieren und sie nachhaltig und sinnvoll nutzen können. Durch eine solche Herangehensweise können wir nicht nur auf kurzfristige Trends reagieren, sondern langfristig eine Arbeitsumgebung schaffen, die sowohl den Bedürfnissen der Mitarbeiter als auch den Anforderungen des Marktes gerecht wird.

Die gewonnenen Erkenntnisse dienen dazu, sicherzustellen, dass wir den Blick nach vorne nicht verlieren. Es ist wichtig zu verstehen, dass die Zahlen in jedem Unternehmen unterschiedlich sind, und das ist auch richtig so. Dennoch ist es von entscheidender Bedeutung, dass wir uns aktiv mit den Themen Architektur und Unternehmenskultur auseinandersetzen, um eine reale Chance zu haben, Neuerungen erfolgreich umzusetzen.

11.3.2 Führungskräfte gehen lieber ins Büro als Angestellte

11

Die überwiegende Mehrheit der Befragten hat zu Hause einen fest eingerichteten Arbeitsplatz. Diese Angestellten haben jedoch seltener Zugang zu einem eigenen Büro im Unternehmen als Führungskräfte (◨ Abb. 11.3). Dennoch verbringen sie mehr als die Hälfte ihrer Arbeitszeit mit konzentrierter Arbeit, während es bei den Führungskräften nur etwa ein Drittel ist (◨ Abb. 11.3).

Da dieser traditionell hierarchische Charakter noch viele Bürolandschaften in Unternehmen prägt, arbeiten viele Angestellte lieber von zu Hause aus, auch wenn es nur vom Sofa aus ist. Denn zu Hause können sie ihre Arbeit besser organisieren und haben mehr Privatsphäre. Im Gegensatz dazu ziehen es viele Führungskräfte global vor, im Büro zu arbeiten, da sie dort aufgrund der ihnen zur Verfügung stehenden Privatbüros ausreichend Privatsphäre erleben (Steelcase Inc, 2022).

Auf der Grundlage dieser Erkenntnisse habe ich eine Abbildung (◨ Abb. 11.3) erstellt, die diese Punkte visualisiert, um die oben genannten Unterschiede deutlich zu machen.

Das sind für uns wieder sehr spannende Zahlen, da sie zeigen, dass die Personen, die mehr Rückzugsmöglichkeit haben, auch mehr ins Büro kommen. So weit so gut! Aber die Frage wurde nur unzureichend gestellt. Denn es geht ja auch darum, herauszufinden, warum die Mitarbeitenden ins Büro kommen. Das ist eigentlich der Schlüssel, den man zuerst drehen muss.

Denn viele kommen gerade deswegen ins Büro, um Leute zu treffen, zu kollaborieren, oder Meetings abzuhalten. Auch denen, die zum ruhigen Arbeiten kommen, kann man durch sinnvolle Planung Rückzugsräume zur Verfügung stellen. Wichtig ist, herauszufinden, was die Menschen brauchen, um gut und effizient zu arbeiten,

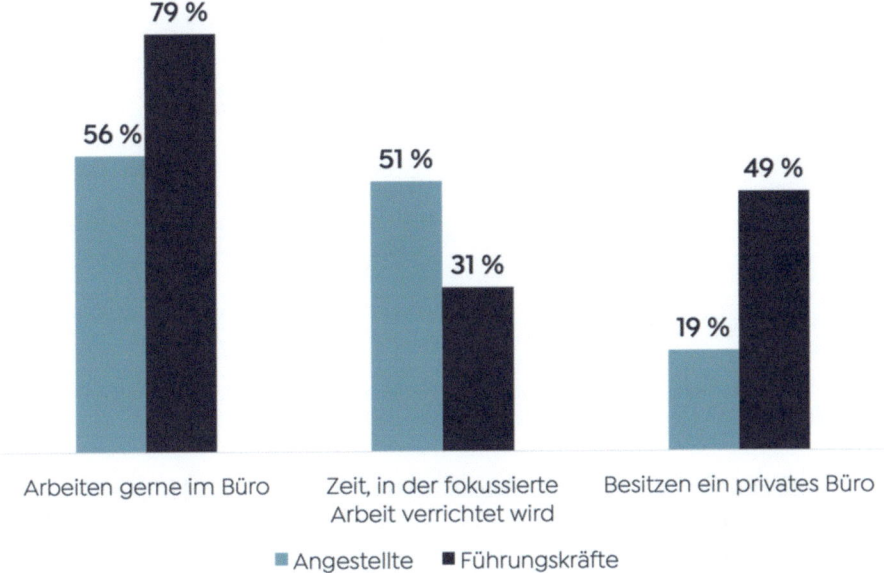

Abb. 11.3 Unterschiede zwischen Angestellten und Führungskräften in Bezug auf die Verfügbarkeit eines privaten Büros im Unternehmen, die Zeit, die sie mit Fokusarbeit verbringen und darauf, ob sie gerne im Büro arbeiten, basierend auf den im Text erwähnten Ergebnisse von Steelcase (Gauer Consulting), (Quelle: Eigene Darstellung)

und dann dieses Wissen in Raumstrukturen umzuwandeln. Sehr oft sehe ich, dass man es genau umgekehrt macht und von den Raumstrukturen die Bedürfnisse irgendwie ableitet. Aber das treibt unsere Effizienz in die falsche Richtung und unsere Zufriedenheit mit dem Office nach unten.

Um sinnvolle Arbeitswelten aufzubauen, müssen wir uns auf die Menschen einlassen und kritische Fragen stellen.

11.3.3 Private Bereiche sind auch im Büro sehr wichtig

Der Wandel im Hinblick auf Arbeitsweise und -ort ist tiefgreifend und wird voraussichtlich anhalten, insbesondere während Unternehmen nach der optimalen Form des hybriden Arbeitens suchen.

In der gegenwärtigen, von ständigem Wandel geprägten Zeit, bemühen sich Unternehmen darum, Strategien zur Handhabung ihrer bestehenden Büros zu entwickeln. Oft hört man Diskussionen darüber, die Arbeitsumgebungen rein auf Zusammenarbeit und soziale Interaktion auszurichten, ja sogar in eine Art „Clubhouse" umzuwandeln. Während es zweifelsohne von grosser Bedeutung ist, den Arbeitsplatz so zu gestalten, dass er zur Förderung einer starken Unternehmenskultur und zur Schaffung eines Gefühls der Zugehörigkeit beiträgt, muss das Büro aber noch mehr bieten (Abb. 11.4).

64 %	Bereiche zur hybriden Zusammenarbeit	62 %	Nischen zur Einzelnutzung in hybriden Meetings
57 %	Buchbare Arbeitsplätze	61 %	Privatsphäre
52 %	Informelle Bereiche für den Austausch mit Mitarbeitenden	58 %	Vollständig oder teilweise abgeschlossene Arbeitsbereiche
49 %	Grosse Anzahl an Räumen zu Zusammenarbeit	52 %	Flexible Möblierung
47 %	Nachhaltige Büromöbel		

◨ **Abb. 11.4** Was Menschen am Büro schätzen, basierend auf den im Text erwähnten Ergebnisse von Steelcase (Gauer Consulting), (Quelle: Eigene Darstellung)

In der heutigen Zeit verbringen Menschen mehr Zeit in Videokonferenzen denn je zuvor (Microsoft Corporation, 2021). Die Bereitstellung entsprechender technischer Plattformen ist nur ein Teil der Lösung. Menschen benötigen zudem Räume, die den Anforderungen neuer Arbeitsweisen gerecht werden.

Ich habe mit ◨ Abb. 11.4 die Erkenntnisse von Steelcase darüber veranschaulicht, was Menschen im Büro schätzen und zeige somit, welche Aspekte bei der Gestaltung von Büros berücksichtigt werden müssen, um den Bedürfnissen der Mitarbeiter gerecht zu werden (Steelcase Inc, 2022).

Zum einen zeigen die Ergebnisse, dass 64 % der befragten Personen Bereiche zur hybriden Zusammenarbeit im Büro sehr schätzen (Steelcase Inc, 2022), was ich persönlich als ausserordentlich hoch empfinde. Ich denke, man sollte sich viel mehr überlegen – und da bin ich wieder ganz vorne bei der Strategie und der Analyse – warum die Menschen ins Büro kommen möchten. Ist es denn wirklich sinnvoll, so viele hybride Möglichkeiten zu schaffen, wenn schlussendlich alle allein in einem Kämmerlein sitzen und Video-Calls machen? Ich denke nicht unbedingt. Es wäre doch auch eine nachhaltige Möglichkeit, zu überlegen, wann welche Teammitglieder ins Büro kommen, damit man gemeinsam arbeiten kann, Zonen zu schaffen, die Raum für Projektarbeit oder kollaboratives Zusammensein ermöglichen.

Ein weiteres Element sind die buchbaren Arbeitsplätze. Um offen zu sprechen, sind sie aus meiner Sicht stark überbewertet und ich sehe sie eher als Teil einer emotionalen Strategie für Stabilität, da Mitarbeitende Angst haben, keinen (guten) Platz zu bekommen – was ich übrigens völlig verstehe. Wenn ich dann aber meine Kunden nach ihren Erfahrungen mit buchbaren Arbeitsplätzen frage, erhalte ich in der Regel das Feedback, dass sie entweder nach kurzer Zeit wieder abgeschafft wurden oder nicht genutzt werden. Stattdessen sollten wir uns vielmehr fragen, wie Arbeitsplätze gestaltet werden können, damit sich die Mitarbeitenden darin wohlfühlen und man ihnen im Vorfeld des Workplace-Change die Angst nimmt, keinen „guten" Arbeitsplatz zu bekommen.

Es ist verständlich, dass viele Mitarbeitende ausreichend Gelegenheiten zum informellen Austausch schätzen, was ebenfalls erklärt, warum Menschen überhaupt ins Büro kommen. Die Tatsache, dass viele Räume für Zusammenarbeit gewünscht werden, unterstreicht diese Notwendigkeit. Unsere Motivation als Angestellte ist es, uns zu vernetzen, miteinander zu sprechen und gemeinsam zu arbeiten. Dies spiegelt sich deutlich in den vorliegenden Ergebnissen wider und entspricht genau dem, was ich bei meinen Kunden beobachte. Daher ist es von entscheidender Bedeutung, diese Bedürfnisse auf sinnvolle und nachhaltige Weise zu erfüllen. Häufig greifen Unternehmen zu schnellen Lösungen, die zwar dem Zweck des Austauschs dienen sollen, jedoch nicht auf die tatsächlichen Anforderungen der Teams eingehen.

In diesem Zusammenhang ist es wichtig, nicht nur verschiedene Module und Zonen zu schaffen, sondern auch die richtigen Elemente zu integrieren. Als Führungskraft können Sie aktiv dazu beitragen, indem Sie Ihren Teams zuhören und gemeinsam mit ihnen darüber sprechen, wie sie arbeiten möchten. Mit diesem gesammelten Wissen können wir dann architekturpsychologische Überlegungen einbringen und diese in Zusammenarbeit mit Architekten nutzen, um bestmögliche Lösungen zu entwickeln.

Ein weiteres, stets wiederkehrendes Thema, das in der neuen Arbeitswelt zu Recht als äusserst wichtig angesehen wird, beschäftigt mich intensiv: die Privatsphäre. In enger Zusammenarbeit mit meinen Forschungspartnern untersuche ich die Frage, wie viel Privatsphäre Menschen benötigen, um gesund und effizient arbeiten zu können. Ebenso interessiert mich, welches Mass an Individualität erforderlich ist, damit sie sich entfalten können – hierbei beziehe ich mich auf grundlegende Bedürfnisse, nicht auf die vollständige, individuelle Entfaltung eines jeden Einzelnen. Die Antworten auf diese Fragen haben erheblichen Einfluss auf unsere Arbeits- und Bürostrukturen. Es ist daher sinnvoll und wichtig, sich rechtzeitig mit diesen Fragen auseinanderzusetzen.

Mit den weit verbreiteten Open-Space-Ansätzen arbeiten wir oft *gegen* die menschlichen Bedürfnisse. Es ist wichtig, dass wir hier erneut einen kritischen Diskurs zulassen, um eine nachhaltige Arbeitsumgebung zu schaffen.

11.4 Was bedeutet das für die Führung?

11.4.1 Für Führungskräfte

Die Führung erhält in dieser allumfassenden Thematik eine sehr aktive Rolle, die auch schnell aufzeigt, ob man die neue Arbeitswelt wirklich verinnerlicht hat. Es ist fast wie ein Gegencheck für sich selbst. Denn hier geht es sehr stark um die Vorbildfunktion und das Vorleben der neuen Büro- und Arbeitswelt. Aus meiner jahrelangen Erfahrung heraus funktioniert das aber nur, wenn man sich selbst offen und ehrlich mit dem Thema auseinandergesetzt hat. Im Lesestoff vorher haben Sie ja bereits gesehen, wie vielfältig und komplex das ist.

Sehr oft erlebe ich, dass Führungskräfte mir sagen, dass alles klar sei und sie wüssten, worum es geht. Ich höre oft: „Ist ja auch keine grosse Sache". In Wahrheit ist es das aber doch, und viele Workplace-Change-Initiativen scheitern nicht am Massnahmenplan, sondern an der aktiven, ehrlichen und authentischen Umsetzung. Das klingt für viele dann so „Ist doch easy!" an, leider wird aber die Komplexität dahinter nicht erkannt, obwohl sie eigentlich selbst wissen, wie schwer es ist, einen bereits eingeschlagenen Kurs zu korrigieren. Auch die Titanic musste sich dieser Tatsache stellen: Die Korrekturmöglichkeit war minimal, der Schaden maximal.

Bedauerlicherweise haben wir in der heutigen schnelllebigen und hektischen Zeit verlernt, authentisch zu sein. Ich bin in den vorherigen Kapiteln bereits ausführlich darauf eingegangen, möchte aber noch einmal darauf zurückkommen, weil es eigentlich das A und O des Erfolgs ist. Egal was ich denke oder fühle, ich sende diese Signale aus, ob ich das nun will oder nicht. Sie können den Transport Ihrer Gedanken und Gefühle nach aussen nicht steuern – und schon gar nicht unerkannt lügen.

Wir Psychologen sprechen hier von den sogenannten ehrlichen Signalen der Kommunikation. Wie Paul Watzlawick, der österreichische Philosoph bereits treffend gesagt hat: „Wir können nicht *nicht* kommunizieren" (Watzlawick et al., 1969).

Unsere Sprache ist wahrscheinlich erst um die 500.000 Jahre alt (Dediu & Levinson, 2013), das ist ein kleiner und bescheidener Teil der Weltgeschichte in der Kommunikation. Mit unserer Sprache können wir lügen, mit unseren menschlichen Signalen (Körpersprache, Tonfall, Mimik, Gestik) nicht.

Wenn uns unser Umfeld – in dem Fall die Mitarbeitenden – nicht ernst nimmt, weil unserem Gesagten keinen Glauben geschenkt wird, dann haben wir verloren, bevor wir überhaupt eine Chance bekommen haben, über die Ziellinie zu gehen. Eine nachhaltige, effiziente und sinnstiftende Arbeitswelt ist nur erfolgreich, wenn die Menschen sie aktiv mitgestalten dürfen und sie gemeinsam leben und erleben. Und ich meine damit nicht, dass alle bei allem mitreden müssen, sondern dass eine sinnvolle Einbindung verschiedener Zielgruppen stattfindet – zum richtigen Zeitpunkt, mit den richtigen Informationen, in der richtigen Detailtiefe.

11.4.2 Für Mitarbeitende

Für die Mitarbeitenden ist es matchentscheidend, dass ihre Vorgesetzten diese neue Arbeitswelt verstehen und auch authentisch dahinterstehen, sie aktiv leben und ausprobieren. Das ist viel leichter gesagt als getan, denn diese Auseinandersetzung mit der neuen Welt braucht ebenfalls wieder Zeit, die man ja eigentlich oft gar nicht hat. Als Führungskraft muss man, um glaubwürdiger Vertreter von neuen Arbeitswelten zu sein, aus diesem Teufelskreis ausbrechen und den Faktor Zeit wieder als Chance und nicht als Bedrohung sehen.

Für die Mitarbeitenden ist es von entscheidender Bedeutung, dass ihre Vorgesetzten die neue Arbeitswelt nicht nur verstehen, sondern sie auch aktiv unterstützen, sie im eigenen Arbeitsalltag leben und erfahren. Dies ist jedoch leichter gesagt als getan, denn es erfordert, dass sich die Führungskräfte aktiv mit der neuen Realität auseinandersetzen. Das wiederum bedeutet, Zeit zu investieren – eine Ressource, die oft knapp ist. Aus diesem Teufelskreis gilt es als Führungskraft auszubrechen, um die Prinzipien der neuen Arbeitswelten glaubwürdig vertreten und leben zu können. Eine Grundvoraussetzung dafür ist, Zeit nicht mehr als Bedrohung, sondern als Chance zu begreifen.

Auf der anderen Seite ist es genauso wichtig, den Mitarbeitenden die Möglichkeit zu bieten, die neue Arbeitswelt aktiv zu erkunden und herauszufinden, wie sie sich in der Praxis anfühlt und verhält. Die Förderung – und gelegentlich sogar die Erwartung – eines explorativen Verhaltens der Mitarbeitenden sind von grosser Bedeutung.

Proaktives Führungsverhalten ist ein entscheidender Faktor nicht nur für den Erfolg eines Teams, sondern auch für den des gesamten Unternehmens. Eine Führungskraft, die klare Richtlinien setzt, konstruktives Feedback gibt, aktiv zuhört und ihre Mitarbeitenden in Entscheidungsprozesse einbindet, schafft meiner Erfahrung nach ein Umfeld des Vertrauens und der Motivation. Ein solches Führungsverhalten fördert die Eigeninitiative, Kreativität und das Engagement der Mitarbeitenden. Es geht nicht nur darum, Aufgaben zu delegieren, sondern auch darum, ein Vorbild zu sein, Potenziale zu erkennen und diese gezielt zu fördern. Proaktives Führungsverhalten hat daher einen direkten Einfluss auf die Mitarbeiterzufriedenheit, die Produktivität und letztlich auf den Gesamterfolg des Unternehmens. Es ist daher von zentraler Bedeutung, dass Führungskräfte kontinuierlich an ihrer Führungsqualität arbeiten und diese weiterentwickeln. Unsere Arbeitswelt kann dieses Verhalten aktiv unterstützen und fördern, und zwar bei beide Seiten: den Mitarbeitenden und den Führungskräften.

Wichtig dabei ist, dass Arbeitswelten aktiv in alle Überlegungen einfliessen und die neuen Strukturen den Bedürfnissen der dort arbeitenden Personen auch entsprechen. Erst dann kann eine Arbeitswelt hinsichtlich ihrer physischen, intellektuellen und psychischen Dimensionen ihre volle Entfaltung erreichen.

All dies erfordert also ein proaktives Führungs- und Teamverhalten, das erstaunliche Ergebnisse hervorbringen kann. So können Sie gemeinsam mit Ihren Mitarbeitenden die Samen für eine vielfältige Arbeitswelt säen.

Literatur

Chang, C.-Y., & Chen, P.-K. (2005). Human response to window views and indoor plants in the workplace. *HortScience, 40*(5), 1354–1359.

Colenberg, S., Jylhä, T., & Arkesteijn, M. (2021). The relationship between interior office space and employee health and well-being – a literature review. *Building Research & Information, 49*(3), 352–366.

Dediu, D., & Levinson, S. C. (2013). On the antiquity of language: The reinterpretation of Neandertal linguistic capacities and its consequences. *Frontiers in Psychology, 4*, 397.

Frontczak, M., & Wargocki, P. (2011). Literature survey on how different factors influence human comfort in indoor environments. *Building and Environment, 46*(4), 922–937.

Hartog, L., Weijs-Perrée, M., & Appel-Meulenbroek, R. (2018). The influence of personality on user satisfaction: Multi-tenant offices. *Building Research & Information, 46*(4), 402–416.

Küller, R., Mikellides, B., & Janssens, J. (2009). Color, arousal, and performance – A comparison of three experiments. Color Research & Application: Endorsed by Inter-Society Color Council, The Colour Group (Great Britain), Canadian Society for Color, Color Science Association of Japan, Dutch Society for the Study of Color, The Swedish Colour Centre Foundation. *Colour Society of Australia, Centre Français de la Couleur, 34*(2), 141–152.

Lindberg, C. M., Tran, D. T., & Banasiak, M. A. (2016). Individual differences in the office: Personality factors and work-space enclosure. *Journal of Architectural and Planning Research 2*, 105–120.

Maidani, E. A. (1991). Comparative study of Herzberg's two-factor theory of job satisfaction among public and private sectors. *Public Personnel Management, 20*(4), 441–448.

Metaj, R. (2019). *Architekturpsychologie, Einfluss auf die Arbeit im Büro*. Lehrbuchverlag.

Microsoft Corporation. (2021). The next great disruption is hybrid work: Are we ready? https://www.microsoft.com/en-us/worklab/work-trend-index/hybrid-work. Zugegriffen am 21.12.2023.

Rolfö, L. V. (2018). Relocation to an activity-based flexible office – Design processes and outcomes. *Applied Ergonomics, 73*, 141–150.

Sanchez, J. A., Ikaga, T., & Sanchez, S. V. (2018). Quantitative improvement in workplace performance through biophilic design: A pilot experiment case study. *Energy and Buildings, 177*, 316–328.

Schein, E. H. (2010). *Organizational culture and leadership* (Bd. 2). John Wiley & Sons.

Steelcase Inc. (2022). Das neue Zeitalter der hybriden Arbeit. Was die Angestellten jetzt brauchen – Wie Gemeinschaft am Ar-beitsplatz entsteht (Global Report). https://www.steelcase.com/content/uploads/sites/2/2022/08/2022_SC_GlobalReport_EMEA-DE.pdf.   Zugegriffen   am 21.12.2023.

Sugiyama, T., Hadgraft, N., Clark, B. K., Dunstan, D. W., Chevez, A., Healy, G. N., Cerin, E., La-Montagne, A. D., Shibata, A., & Oka, K. (2021). Office spatial design attributes, sitting, and face-to-face interactions: Systematic review and research agenda. *Building and Environment, 187*, 107426.

Watzlawick, P., Beavin, J. H., & Jackson, D. D. (1969). Menschliche Kommunikation. *Been und Stuttgart, 2*(24), 53.

Weber, C., Bébié-Gut, P., Riebli, A., & Windlinger, L. (2022). Eine explorative Untersuchung der Einflüsse von ABW-Büromerkmalen auf die Wahrnehmung der Organisationskultur. Gruppe. Interaktion. Organisation. *Zeitschrift für Angewandte Organisationspsychologie (GIO), 53*(2), 161–172.

11

Emotionale Führung als Booster

Inhaltsverzeichnis

© Der/die Autor(en), exklusiv lizenziert an Springer-Verlag GmbH, DE, ein Teil von Springer Nature 2024
S. Gauer, *Führen im Zeitalter neuer Arbeitswelten*, https://doi.org/10.1007/978-3-662-68538-9_12

Eine Führungskraft mit hoher emotionaler Intelligenz sollte in der Lage sein, die Verhaltensweisen der Mitarbeitenden in ihrer Umgebung zu erkennen und die Gefühle, die sie erleben, zu verstehen. Angesichts der Auffassung vieler Emotionsphilosophen, dass (a) Emotionen als Ergebnis unserer eigenen Bewertungsprozesse entstehen und (b) Emotionen einen eigenen Antrieb und eine eigene Motivation haben können (Cain, 2014), kann eine emotional intelligente Führungskraft das Verhalten einer Person auf der Grundlage ihrer emotionalen Veranlagung und ihrer Werte genauer einschätzen.

Andererseits ändern sich unsere Ziele ebenso wie unsere Werte und damit auch die Emotionen als Signale für das, was wir als wichtig oder nützlich erachten. Dementsprechend ändert sich die Bedeutung, die Mitarbeitende ihrer Umgebung und den sich darin befindenden Objekten geben, ebenso wie ihre zukünftigen Ziele (Peterson, 1999).

Unsere Umgebung, und das inkludiert auch die Büroumgebung, spiegelt also wider, was wir für wichtig erachten und wir interagieren entsprechend mit ihr. Ein Beispiel: Eine sozial eher ängstliche Person legt grossen Wert darauf, die Leistungsvorgaben zu erfüllen. Da die Unternehmenskultur Effizienz und Kreativität belohnt, ist die Person trotz ihrer Abneigung gegen soziale Interaktionen eher bereit, sich mit anderen Mitarbeitenden auszutauschen, um Produktivität und neue Ideen zu gewährleisten. Dieser Prozess verläuft für die Person reibungsloser, wenn sie dabei Unterstützung erfährt und ihr Potenzial gefördert wird (Dionne et al., 2004).

Die Theorie klingt gut, doch in der Praxis sieht es oft etwas anders aus. Je offener und transparenter die Arbeitswelt ist, desto schwieriger wird es für Menschen, authentisch zu sein. Für introvertierte Persönlichkeiten stellt dies eine besondere Herausforderung dar. Das bedeutet, dass es nicht ausreicht, einfach nur gut zuzureden, denn Menschen können eine Weile „mitspielen", aber irgendwann ist ihre schauspielerische Fähigkeit erschöpft. Dies führt häufig zu akuten Stressmustern oder Erschöpfungszuständen.

In diesem Zusammenhang ist es entscheidend, frühzeitig zu erkennen, was das Team und die Einzelpersonen in diesem Team benötigen, um ihr volles Potenzial zu entfalten. Denn um sich selbst entfalten zu können, ist eine gewisse innere und kognitive Leichtigkeit erforderlich. Wenn man sich den ganzen Tag verstellen muss, wird es schwierig, diese Leichtigkeit aufrechtzuerhalten. Neue Arbeitswelten bieten die Möglichkeit zur persönlichen Weiterentwicklung, erfordern jedoch vorab eine klare Vorstellung davon, wohin man gehen möchte. Daher ist es wichtig, die aktive Verbindung zwischen Herz und Verstand in Arbeitswelten einfliessen zu lassen, um all die spannenden Möglichkeiten zu erschliessen.

12.1   Was wünschen sich Mitarbeitende?

Das ist natürlich eine extrem faszinierende Fragestellung! Als Führungskraft mag man im ersten Moment denken: „Oje, das könnte nach hinten losgehen, kann ich das alles schaffen?" Doch wenn wir uns das genauer ansehen und analysieren, erkennen wir die tollen Chancen für beide Seiten. Das kann entgegen aller Erwartungen äusserst motivierend wirken.

Grundsätzlich und simpel betrachtet streben viele Mitarbeitenden in ihrer Arbeit nach ausreichend Raum, um ihr volles Potenzial entfalten zu können. Dies bildet meiner Ansicht nach eine wichtige Grundlage, und vor allem bietet sich hier die Möglichkeit, von verschiedenen Perspektiven aus anzusetzen. Zum einen von der organisatorischen und strukturellen Seite, zum anderen von der räumlichen Gestaltung der Arbeitswelt und schliesslich auch von der Seite des Führungsstils aus. Das birgt eine Reihe von spannenden Chancen.

Was sich Mitarbeitende ebenso wünschen, ist Respekt. Die Motivation der Mitarbeitenden steigt, wenn sie mit Respekt behandelt werden (Ng, 2016) und Führungskräfte eine zukunftsorientierte Sichtweise pflegen, indem sie ihre Mitarbeitenden persönlich unterstützen und ihnen bei der Entfaltung ihres Potenzials helfen. Es ist auch von Bedeutung, dass Respekt innerhalb des Teams thematisiert wird.

Denn der Begriff „Respekt" erfährt heutzutage eine breite Interpretationsvielfalt. Im Kontext der heutigen gesellschaftlichen Sensibilität kann schon ein kleines Feedback als respektlos empfunden werden, während auf der anderen Seite oberflächliche Freundlichkeit gepflegt wird. Doch echter Respekt ist Mangelware – darauf werde ich später noch genauer eingehen.

Meine Erfahrung hat gezeigt, dass die Möglichkeit zur Entfaltung des Potenzials und gelebter Respekt grundlegende Voraussetzungen für eine erfolgreiche Zusammenarbeit sind. Wenn die richtige Balance zwischen diesen beiden Faktoren gefunden wird, profitieren sowohl die Mitarbeitenden als auch die Führungskräfte sowie das Unternehmen langfristig davon.

Um Mitarbeitende beim Übergang in eine funktionalere und dynamischere Arbeitsumgebung eines Multispace-Büros zu unterstützen, ist es wichtig, die folgenden Fähigkeiten gezielt zu fördern. Dies ermöglicht eine sinnvolle, effiziente und spontane Nutzung von Modulen der neuen Arbeitswelt und trägt dazu bei, die Wahrnehmung von Umweltstressoren zu reduzieren.

Aber das Wichtigste ist: zuhören, zuhören, zuhören! Nicht ohne Grund sind wir mit zwei Ohren und nur einem Mund ausgestattet. In unserer heutigen Gesellschaft neigen wir oft dazu, ständig unsere Meinung kundzutun, weil wir das Gefühl haben, es müsse um uns gehen. Doch manchmal ist weniger mehr. Es gibt Situationen, da braucht es ein grosses Herz und ein offenes Ohr, statt eine grosse Klappe und ein Herz, das im Urlaub ist.

12.2 Wie viel kann eine Führungskraft geben?

Führungskräfte und Manager in der New-Work-Umgebung müssen zunehmend die Rolle von Entwicklungspartnern und Performancehelfern übernehmen und möglichst viele Situationen nutzen, um die Entwicklung ihrer Mitarbeitenden aktiv zu fördern (Hackl et al., 2017). Der Anspruch und die Erwartungen seitens der Mitarbeitenden und der Gesellschaft sind hoch. Das ist für viele Führungskräfte fast unmöglich zu stemmen, vor allem wenn sich die Veränderung auch noch schnell „erledigen" sollte. Und da muss man sehr aufpassen, dass man nicht die Chancen, die neue Arbeitswelten bieten, zerstört, indem man die Menschen von Anfang an überfordert und Verhaltensweisen verlangt, die nicht realistisch erfüllbar sind.

Das ist das Problem von unseren Workplace-Change-Initiativen. Ich höre von Unternehmen oft, dass man den Change gerne so nebenbei noch machen möchte, da nicht so viel Budget vorhanden ist und die Arbeitswelt an sich ja eh schon so cool ist, dass man den Wandel bereits damit gut vollziehen kann. Und das macht aktuell eine Change-Begleitung im Kontext von neuen Arbeitswelten sehr herausfordernd. Ich kämpfe jeden Tag, dass man sich die Zeit nimmt und mir zuhört.

Momentan geht der Trend im Umgang mit modernen Mitarbeitenden stark in die Richtung überdimensionierter, aber nicht zielgerichteter Unterstützung. Die Liste der Fähigkeiten, die eine Führungskraft bei den Mitarbeitenden fördern soll, ist lang und komplex. Die Haltung von modernen Mitarbeitenden hat sich sehr stark in eine konsumorientierte und fordernde Grundhaltung verändert.

Menschen haben das Bedürfnis nach Wertschätzung. Die Mitarbeitenden wollen von Arbeitgebenden als die Menschen, die sie sind, mit allen Facetten wahrgenommen werden. Während der Corona-Pandemie hat sich dieses Bedürfnis nach meiner Erfahrung noch stärker akzentuiert. Der Anteil an Homeoffice hat stark zugenommen. Man weiss aus Befragungen, dass viele diese Möglichkeit schätzen. Andererseits fühlen sich viele abgetrennt vom Rest des Betriebes, nicht genug wahrgenommen (sehen Sie dazu zum Beispiel ▶ Abschn. 10.3–10.5).

Wir befinden uns momentan in einem grossen Dilemma und wir können nur gemeinsam einen Weg aus dieser Problematik finden. Neue Arbeitswelten zwingen uns ein Stück weit dazu, weil sie transparent sind und unser Verhalten offen darlegen. Segen und Fluch gleichzeitig, aber wir konzentrieren uns auf die Chancen, somit ist unsere Richtung eindeutig.

12.2.1 Zukünftige Wirtschaftsleistung und Workplace-Initiativen

12

Die Situation hat sich zugunsten der Arbeitnehmenden verändert. Die Mitarbeitenden orientieren sich neu, weil sie es können. Sie merken, dass sie gefragt sind. Früher hiess es nach einem Vorstellungsgespräch: Wir melden uns bei Ihnen und teilen Ihnen mit, wie es weitergeht. Heute sagt der Bewerbende: Ich werde mir überlegen, ob ich für Ihre Firma arbeiten möchte.

Das Basler Forschungsinstitut Prognos zeigt in einer 2015 veröffentlichten Studie: Für das Jahr 2040 rechnet man in Deutschland mit einer Fachkräftelücke in Höhe von 3,9 Mio. Arbeitskräften. Trotz bisheriger Bemühungen zur Fachkräftesicherung wird das Defizit weiter ansteigen. Dies zeigt klar den Handlungsbedarf in Bezug auf die Gestaltung von Rahmenbedingungen zur besseren Nutzung von Arbeitsmarktpotenzialen auf (Ehrentraut, 2015).

Ich betone ständig gegenüber meinen Kunden die Notwendigkeit eines radikalen Umdenkens, doch oft fühle ich mich nicht gehört und – wenn ich ganz ehrlich bin – auch nicht verstanden. Das ist manchmal echt frustrierend! Als Experten besitzen wir das Wissen, die Erfahrung und die Ausbildung, um nachhaltig, sinnvoll und effizient zu unterstützen, und zwar dort, wo man zuerst ansetzen muss.

Unternehmen bekunden zwar oft ihre Bereitschaft zur Veränderung, investieren dann jedoch vorrangig in scheinbar wertsteigernde, oberflächliche Bürogestaltung und Arbeitslandschaften, ohne alle relevanten organisatorischen, zukunftsgerichteten und architekturpsychologischen Faktoren näher zu betrachten und zu berücksichtigen. Über den oft mangelhaften Workplace-Change-Prozess möchte ich gar nicht erst sprechen.

Die Bedeutung eines interdisziplinären Ansatzes wird häufig übersehen, da er ein tiefes Eintauchen in das Thema der neuen Arbeitswelten erfordert. Und genau hier liegt das Problem: Die Schmerzpunkte sind offensichtlich, doch anstelle der Erforschung der wahren Ursachen, wird lieber ein oberflächliches Pflaster mit hübschem Design darüber geklebt.

Dadurch entwickeln sich in vielen Unternehmen ungesunde Verhaltensmuster und -auffälligkeiten, die anfänglich gar nicht offensichtlich werden und sehr oft auch erst zu spät (oder gar nicht) erkannt werden.

Sie führen aus meiner praktischen und theoretischen Perspektive oft nicht nur zu einem unnatürlichen Umgang miteinander, sondern auch zu Stress, Performance-Verlusten, mangelndem Commitment, Fluktuation, und vielen anderen gravierenden Konsequenzen.

Auf einige dieser Konsequenzen bin ich ja bereits eingegangen, eine weitere mögliche Folgeerscheinung ist das sogenannte „Quiet Quitting". Dies ist ebenfalls eine dieser Auswüchse einer Gesellschaft, die nach angemessenen Umgangsformen und Copingstrategien sucht.

12.2.2 Neues Phänomen: Quiet Quitting

Gleich vorweg zum besseren Verständnis: Quiet Quitting entspricht nicht der traditionellen inneren Kündigung, bei der man gerade so viel arbeitet, um nicht entlassen zu werden und bei erster Gelegenheit den Job wechselt.

Quiet Quitting bedeutet, nur das zu tun, wozu man vertraglich verpflichtet ist. Wenn beispielsweise von den Mitarbeitenden verlangt wird, eine Präsentation bis 18:00 Uhr fertigzustellen, dann verlassen sie das Büro um 18:01 Uhr. Sie erledigen ihre Aufgaben zuverlässig und liefern gute Ergebnisse, gehen jedoch nicht über das im Vertrag Vereinbarte hinaus. Werden sie gebeten, mehr zu tun oder länger zu bleiben, stösst dies oft auf Widerstand, da dies nicht vertraglich vereinbart war. Viele sind nicht mehr gewillt, das Extra zu geben. Sie messen ihre Leistung an dem, was ihnen geboten wird: „Gebt ihr mir dies, liefere ich jenes."

Mittlerweile werden Unternehmen von den Mitarbeitenden auf Herz und Nieren geprüft. Die Vor- und Nachteile werden genau analysiert und es wird genau geschaut, wie viel Freiraum, Incentives, Flexibilität, Arbeitsmodelle, et cetera ein Unternehmen bietet.

Aufgrund der aktuellen Marktsituation und der gesellschaftlichen Ausrichtung der westlichen Industrieländer hat sich ein völlig anderes Mindset entwickelt, welches einen starken Umbruch in der Denkweise in Gang gesetzt hat. Wenn wir das Szenario weiterdenken, dann stellt sich durchaus auch die kritische und ernstzunehmende Frage, ob dieses Verhalten auf Dauer ein gesundes und nachhaltiges

Persönlichkeits- und Wirtschaftswachstum fördern und hervorbringen kann. Egoismus ist wichtig und hilft uns voranzukommen, aber am Ende des Tages muss für beide Seiten eine positive Bilanz resultieren.

Ein gesunder Egoismus ist, wie wir Psychologen sagen, essenziell, um genug Motivation und Energie aufzubringen, um Herausforderungen im Leben anzugehen. Wird dies jedoch übertrieben, kann es, wie viele andere Dinge auch, destruktiv wirken und nachhaltig positive Entwicklungen behindern.

12.3   Die Verantwortung einer Führungskraft

Vorsicht ist geboten, wenn es um den verfügbaren Handlungsspielraum und die Verantwortung geht. Oft neigt man dazu, Führungskräfte für alles haftbar zu machen, weil sie es „in Ordnung bringen" sollen. Dies gleicht der Tendenz, dass Führungskräfte das Unternehmen beschuldigen, das Unternehmen dann die Regierung, und die Regierung schliesslich die globale Gemeinschaft. Zugegeben, das klingt etwas übertrieben, aber es veranschaulicht die Neigung, die Verantwortung stets eine Ebene höher zu schieben und darauf zu hoffen, dass „oben" eine Lösung gefunden wird. In Wirklichkeit benötigen wir mehr Courage, den Mut zur Eigeninitiative und Selbstreflexion, ein Thema, das ich in vorherigen Kapiteln bereits angesprochen haben. Das gilt für alle Hierarchieebenen in einem Unternehmen, bis hin zum/zur einzelnen Mitarbeitenden.

Im Prozess der Sinnfindung und Wertentwicklung stossen Unternehmen oft auf ethische Fragestellungen. Beispielsweise, wie weit man sich als Unternehmen dem aktuellen Zeitgeist anpassen oder wie fest man an der Förderung einer aktiven und nachhaltigen Zukunft festhalten sollte, auch wenn sie nicht immer den vorherrschenden Meinungen und Befindlichkeiten entspricht.

Ein altes Sprichwort lautet: Der Klügere gibt nach. Ich aber sage: Wenn der Klügere immer nachgibt, wird die Welt von den Dummen regiert. Das mag hart klingen, aber für eine gesunde Entwicklung von Individuen, Unternehmen, Regierungen und der Gesellschaft als Ganzes ist ein Dialog und kein Monolog der lautstarken Gruppen notwendig. Der Aufbau einer neuen Arbeitswelt und einer neuen Workplace-Strategie ist genau der passende Moment für nachhaltige und zielführende Gespräche und Gedanken mit unterschiedlichen Gesprächspartnern.

Eine Organisation, die aktives Commitment, Arbeitsplatzbindung, Lebendigkeit und gleichzeitig Rücksichtnahme in Multispace-Büros fördern möchte, sollte eben gerade auf Werte abzielen, die ihre Mitarbeitenden auf einer tiefen und existenziellen Ebene erreichen. Und da darf man auch mal genauer hinsehen und kritische Fragen stellen. Denn am Ende des Tages geht es um uns alle.

Emotional intelligente Führungskräfte zeigen ein tieferes Verständnis für ihre Mitarbeitenden und Teams, was die Nutzung der transformativen Fähigkeiten unterstützt (Pinos et al., 2006), die sie auf ihre Mitarbeitenden ausüben können. Sie helfen ausserdem den Teamzusammenhalt, die Kommunikation und die Teamarbeit zu fördern (Rapisarda, 2002).

Führungskräfte sollten kritisch sein – das ist essenziell für einen erfolgreichen Transformationsprozess. Es ist nicht notwendig, stets die beliebteste Person zu sein, auch wenn uns das aktuell oft suggeriert wird. Emotionale Intelligenz bedeutet nicht, ständig bei jedem gut anzukommen und alle zufriedenzustellen.

Emotional intelligent ist der Mensch, auf den man sich verlassen kann und der hinter einem steht. Auch unpopuläre Entscheidungen sind Teil der Veränderung und Teil der Auseinandersetzung mit etwas Neuem. Da muss man einfach manchmal loslassen.

12.4 Neue Arbeitswelten – ein emotionaler Prozess

12.4.1 Die Workplace-Transformation ist eine Herausforderung

Die Transformation der Arbeitswelt ist eine Herausforderung für die Entwicklung von Vertrauensverhältnissen zwischen Mitarbeitenden und vor allem auch zu den Führungskräften. Dies wird leider immer wieder völlig unterschätzt und damit dem Ganzen von vornherein zu wenig Beachtung geschenkt.

Besonders innerhalb der Teams scheint insgesamt ein Viertel der Beschäftigten ein reduziertes Vertrauen zu ihren Kollegen wahrzunehmen, und dieser Wert steigt noch an, je mehr die Beschäftigten auch noch von zu Hause arbeiten (Koneberg et al., 2022).

Die durchlebte Corona-Pandemie und die nun sehr aktiv und schnell entwickelten neuen Arbeitswelten und Realitäten mit ihren hybriden, mobilen, offeneren Konzepten scheinen demnach soziale Bindungen und Vertrauensverhältnisse innerhalb von Organisationen zunehmend zu belasten. Der Wandel passierte schnell und auf mehreren Ebenen gleichzeitig.

Zum einen arbeiten wir anders, zum anderen haben wir – auch wenn wir im Büro sind – zunehmend andere Bürostrukturen (Multispace-Offices), welche zwar für sich genommen eine Chance und Bereicherung sind, aber menschlich und emotional gesehen auch eine Eingewöhnungs- und Anpassungsphase brauchen. Wir versuchen aber alles gleichzeitig zu machen und das bringt uns menschlich an unsere Grenzen.

Umso wichtiger ist es deshalb, dass Unternehmen systematisch in die Entwicklung einer optimalen Arbeitsumgebung investieren. Dazu gehört zum einen die sinnvolle und nachhaltige Förderung von hybridem und mobilem Arbeiten, zum anderen die aktive Unterstützung und der effiziente, wertschöpfende Aufbau von neuen Arbeitswelten mit ihren Office-Konzepten (z. B. Multispace- oder aktivitätsbasierendes Arbeiten).

Hierzu gehört besonders, dass Büroumgebungen geschaffen werden, in denen Mitarbeitende zur sozialen Begegnung und zum Austausch angeregt werden. Als Führungskraft ist man auch hier besonders gefragt, damit eine Chance besteht, das fragile Gefüge zusammenzuhalten. Denn moderne Arbeitswelten bergen viel Emotionalität mit erheblicher Sprengkraft. Es geht darum, dass wir als Menschen, als Führungskräfte und als Mitarbeitende lernen, neu miteinander umzugehen und uns ein Stück weit neu zu orientieren in einer Welt, die zwar offener und flexibler, aber auch gleichzeitig empfindsamer und fragiler ist.

12.4.2 Führung ist die Balance zwischen Wünschen und Möglichkeiten

Heutzutage bemühen sich Führungskräfte immer mehr, das Beste für ihre Mitarbeitenden zu tun. Sie bieten eine Vielzahl von Vorteilen – Gehaltserhöhungen, Boni, kostenlose Verpflegung und viele andere Anreize. Sie wenden sich auch zunehmend hybriden Arbeitsformen zu, um mehr Anpassungsfähigkeit und Individualität zu gewährleisten. Auf den ersten Blick erscheint dies sinnvoll und nachvollziehbar. Es besteht jedoch die Gefahr, dass sich im Zuge dieser oberflächlichen Anpassungen eine rein geschäftliche Beziehung zu den Mitarbeitenden entwickelt, die ihnen letztlich nicht das bietet, was sie wirklich suchen und brauchen: Anerkennung (Ellingsen & Johannesson, 2007) und das Gefühl zum Unternehmen zu gehören. Dieses Zugehörigkeitsgefühl zu fördern und die Mitarbeiterbindung aktiv zu unterstützen, ist wichtiger denn je, birgt aber auch die Gefahr, zu übereifrig zu agieren. Und dann fehlt genau die Authentizität, auf die es letztlich ankommt.

Das physische Büro kann hier eine wichtige und einflussreiche Rolle übernehmen. Das Büro mit seiner Arbeitswelt kann Werte kommunizieren und dazu beitragen, am Arbeitsplatz eine Gemeinschaft zu schaffen, die ein Zugehörigkeitsgefühl vermittelt (Schein, 2010). Der Arbeitsort übernimmt die Rolle der Körpersprache des Unternehmens, vermittelt dadurch die vorherrschende Kultur und zeigt, was der Unternehmensleitung am Herzen liegt. Doch auch hier ist echtes Engagement und eine klare strategische Ausrichtung erforderlich. Die Unternehmensleitung und alle anderen Führungskräfte dürfen und müssen genau hinschauen und offen miteinander kommunizieren.

Das Büro ist enorm wichtig für Angestellte. Vor allem diese physischen Orte, an denen gearbeitet wird, können von Unternehmen als strategische Ressource genutzt werden. Mehr Remote-Arbeit und Gehaltserhöhungen zu bieten, ist nicht die Lösung des Problems, um einen nachhaltigen systemischen Wandel zu bewirken. Denn auch monetäre Incentivierung wirken nur kurzfristig motivierend. Der Gewöhnungseffekt tritt sehr schnell ein und dann ist die Gehaltserhöhung völlig normal und beflügelt nicht mehr. Somit verpufft die Wirkung ziemlich schnell.

Es ist die grosse Aufgabe der Mitarbeitenden und Führungskräfte, am Arbeitsplatz die richtige Atmosphäre zu schaffen und das Unternehmen resilienter zu machen, damit es auch in unsicheren Zeiten, in denen sich Rahmenbedingungen ständig ändern, erfolgreich bestehen kann. Wir neigen dazu, heute mehr denn je, unsere Verantwortung abzugeben und „die anderen" machen zu lassen. Je schneller wir erkennen, dass wir mit der Einstellung nicht weiterkommen, desto mehr Positives können wir bewegen. Und das Schöne ist, es unterstützt uns selbst in unserer Entwicklung. Das ist doch ein wundervoller Gedanke.

Literatur

Cain, T. (2014). Emotion and value. *Philosophy Compass, 9*(19), 702–712.

Dionne, S. D., Yammarino, F. J., Atwater, L. E., & Spangler, W. D. (2004). Transformational leadership and team performance. *Journal of Organizational Change Management, 17*(2), 177–193.

Ehrentraut, O. (2015). Arbeitslandschaft 2040. Prognos AG. https://www.prognos.com/sites/default/files/2021-01/20150521_prognos_arbeitslandschaft2040-final.pdf. Zugegriffen am 21.12.2023.

Ellingsen, T., & Johannesson, M. (2007). Paying respect. *Journal of Economic Perspectives, 21*(4), 135–149.

Hackl, B., Wagner, M., Attmer, L., Baumann, D., Hackl, B., Wagner, M., Attmer, L., & Baumann, D. (2017). *New Work: Auf dem Weg zur neuen Arbeitswelt: Management-Impulse* (S. 161–220). Praxisbeispiele.

Koneberg, F., Lehr, J., Seyda, S., & Werner, D. (2022). Herausforderungen und Chancen hybrider Arbeit (Kompetenzzentrum Fachkräftesicherung) (KOFA). https://www.kofa.de/daten-und-fakten/studien/herausforderungen-und-chancen-hybrider-arbeit/. Zugegriffen am 21.12.2023.

Ng, T. W. (2016). Embedding employees early on: The importance of workplace respect. *Personnel Psychology, 69*(3), 599–633.

Peterson, J. B. (1999). *Maps of meaning: The architecture of belief precis*. Psycoloquy.

Pinos, V., Twigg, N. W., Parayitam, S., & Olson, B. J. (2006). Leadership in the 21st century: The effect of emotional intelligence. *Academy of Strategic Management Journal, 5*, 61–74.

Rapisarda, B. A. (2002). The impact of emotional intelligence on work team cohesiveness and performance. *The International Journal of Organizational Analysis, 10*(4), 363–379.

Schein, E. H. (2010). *Organizational culture and leadership* (Bd. 2). John Wiley & Sons.

Die Zukunft der Arbeitswelt ist die Zukunft der Führung

Inhaltsverzeichnis

© Der/die Autor(en), exklusiv lizenziert an Springer-Verlag GmbH, DE, ein Teil von Springer Nature 2024
S. Gauer, *Führen im Zeitalter neuer Arbeitswelten*, https://doi.org/10.1007/978-3-662-68538-9_13

Die Zukunft ist definitiv herausfordernd, daraus mache ich keinen Hehl. Wir sind wieder mit anderen Zeiten konfrontiert und damit mit neuen Möglichkeiten, Chancen und Risiken. Grundsätzlich für die Menschheit nichts Neues – aber für uns, für jeden Einzelnen von uns, ist das schon ein Ding. Für manche ist es einfacher, andere tun sich schwerer damit, aber schlussendlich kommen wir nicht darum herum. Die Frage ist eher, wie wir das Beste daraus machen.

Unsere Gesellschaft entwickelt sich durch die Digitalisierung und Globalisierung in einem rasenden Tempo immer weiter. Diesem konstanten Wandel untersteht auch die Arbeitswelt, sodass sich auch Arbeitssettings, -formen und -methoden kontinuierlich verändern. Wir sind umso mehr gefordert, auch uns selbst auf diese Veränderungsdynamik einzustimmen und diese in unser Handeln zu integrieren. Dies betrifft auch die Führung und das Führungsverhalten, welche diese Flexibilität hinsichtlich Veränderungen aufweisen muss, um technologischen, arbeitsbezogenen und auch gesellschaftlichen Änderungen und Neuerungen gerecht zu werden (Schwarzmüller et al., 2017).

Wir haben ein wenig das Problem, dass wir uns selbst überholen. Dies, weil wir glauben, dass wir unsere evolutionsbiologischen Mechanismen ausschalten, überspringen oder einfach ignorieren können. Wir kommen unseren eigenen Trends nicht mehr hinterher. Woran ich das merke? An den vielen Krankheitsbildern, die sich in den letzten 10 Jahren massiv verschärft haben. Erschöpfungsdepressionen, Burnout, Stress (Crummenerl et al., 2020; Galliker et al., 2022) … um nur die bekanntesten zu nennen. Das gibt mir zu denken und zeigt mir auf, wie wichtig es ist, zu handeln.

Wenn wir in der Zukunft erfolgreich sein wollen, dann müssen wir zuerst einmal schauen, was wir eigentlich brauchen, um diesen Erfolg zu generieren. Einfach losrennen, um der Erste zu sein, aber keine Ahnung darüber haben, wohin es gehen soll, das halte ich für zu kurzsichtig. Und wir haben ja in den letzten Jahren gesehen, dass das nicht wirklich gewinnbringend ist.

Es geht um unsere Zukunft, und damit um die Kompetenzen, die wir brauchen, um diese Zukunft erfolgreich zu meistern. Im Rahmen unserer Vorstudie zu einem Forschungsprojekt haben wir Unternehmen gefragt, ob sie Zukunftskompetenzen kennen und wenn ja, welche sie für ihr Unternehmen definiert haben. Die Ergebnisse waren zwar ernüchternd, aber sie entsprachen genau dem, was ich vermutet hatte, dass wir nämlich grösstenteils noch keine Vorstellung von Future Skills – den Zukunftskompetenzen – haben.

Und genau da setze ich jetzt in meinem letzten Kapitel an.

Zunächst ist es wesentlich, zu erkennen, welche Fähigkeiten generell für die Zukunft erforderlich sind, und diese dann in Gruppen zu kategorisieren. Die übergeordneten Begriffe hat man bereits beim World Economic Forum (WEF) geclustert und eine Liste von 10 relevanten, gruppierten Future Skills erstellt (Whiting, 2020). Das ist aber erst der Anfang, und genau hier setzen wir an.

Im ersten Schritt geht es jetzt einmal darum, als Unternehmen herauszufinden, welche Future Skills beziehungsweise Zukunftskompetenzen für das Weiterkommen des Unternehmens überhaupt ausschlaggebend und welche eher „nice to have" sein werden.

Auch hier ist es wichtig, sich die Zeit dafür zu nehmen und sich in einer Strategie- und Analysephase diesen Fragestellungen zu widmen. Gerade in dem Tempo, wie ich schon anfangs erwähnt habe, in dem wir uns weiterentwickeln, sind diese Kernfragen erfolgsentscheidend. Dazu gehört auch die Frage: Wie wollen wir als Unternehmen diese Kompetenzen vermitteln und weiterentwickeln? Ich habe das in ◨ Abb. 13.1 versucht zusammenzufassen.

Die Art und Weise, wie Skills vermittelt werden, ist ein zentrales Kriterium für den Erfolg, wobei mein Fokus auf leicht zugänglichen (niederschwelligen) Mechanismen liegt. Damit etwas auf Menschen wirken kann, muss ich zuerst den Menschen in seinem Wesen verstehen und wissen, auf was Menschen reagieren. Es gibt Trigger, die etwas auslösen oder eben hemmen können. In unserer heutigen Gesellschaft ist es jedoch auch enorm wichtig zu wissen, welche Lebensformen diese Menschen gewählt haben und was sie brauchen, um gut und produktiv arbeiten zu können.

Leicht verständliche Ansätze wirken sich direkt positiv auf Lernen und Erleben aus. Da wir im gegenwärtigen Menschenbild ständig darauf abzielen, schneller und erfolgreicher zu sein sowie teilweise in Parallelwelten leben, ist es für unser Seelenwohl von Vorteil, Räumlichkeiten zu besitzen, die das Lernen fördern, ohne dass wir uns dafür stark anstrengen müssen. Das ist der Kern meines Ansatzes.

Es handelt sich um ein intuitives Lernen, das ohne erheblichen intellektuellen oder zeitlichen Einsatz erfolgt. Aber dafür ist ein grundlegendes Verständnis des Menschen als Individuum erforderlich. Räumliche Gegebenheiten können intui-

Analytical thinking and innovation	Leadership and social influence
Active learning	Technology design and programming
Complex problemsolving	Technology use, monitoring and control
Critical thinking and analysis	Resilience, stress tolerance and flexibility
Creativity, originality and initiative	Reasoning, problemsolving

1) Welche Skills braucht das Unternehmen, um handlungsfähig zu bleiben?
2) Wie schule ich diese Skills?
3) Wie verankere ich diese Skills nachhaltig im Unternehmen?

Wie sollen Unternehmen das vermitteln?

hochschwellig	niederschwellig
1) Schulungen	1) Menschenbild
2) Managementbücher	2) Authentizität
3) Learning on the Job	3) Workplace Design

◨ **Abb. 13.1** Future Skills und Handlungskonsequenzen für Unternehmen. Unternehmen müssen die für sie entscheidenden Future Skills identifizieren und optimale und realisierbare Vermittlungsmethoden verwenden (Gauer Consulting), (Quelle: Eigene Darstellung)

tive Lernprozesse erheblich beeinflussen, da sie unser Erleben und Verhalten[1] prägen. Ein gut durchdachtes Workplace-Design bietet einen nachhaltigen Mehrwert, wenn es gezielt auf das Unternehmen und seine Mitarbeitenden abgestimmt ist und der Raum dadurch seine optimale Wirkung entfalten kann. Denn der Raum wirkt in einer Weise auf uns, der wir uns oft gar nicht bewusst sind.[2]

Um das zu veranschaulichen, möchte ich ein Beispiel heranziehen. Das Foto dieses Buddhas in ◨ Abb. 13.2 habe ich in Myanmar aufgenommen, gerade als die Corona-Pandemie begann und der militärische Putsch folgte. Dieses Bild besitzt für mich eine tiefe Bedeutung. In den zahlreichen Tempeln, die ich besucht habe, spürte ich jedes Mal eine beeindruckende Energie, sobald ich sie betrat.

Der Raum wirkte auf mich in einer Weise, die ich kaum in Worte fassen kann. Es war ein unmittelbares, intuitives Erlebnis. Meine gesamte Aufmerksamkeit war genau da, wo sie hingehörte – bei mir selbst. Der Raum löste in mir etwas aus, was mir kein Buch hätte vermitteln können. Darum geht es.

Der Raum hat die beeindruckende Kraft, unser Erleben und Verhalten zu beeinflussen – sowohl positiv als auch negativ. Abhängig von der gewählten Umgebung, was insbesondere für Führungskräfte von Bedeutung ist, kann man bestimmte Prozesse fördern und ein Raumambiente gestalten, das entweder zur Übereinstimmung oder zum Widerspruch mit mir und anderen führt.

13

DIE ENERGIE FOLGT DER AUFMERKSAMKEIT

◨ **Abb. 13.2**   Die Wirkung des Raumes anhand des Beispiels eines Buddhas in Myanmar. (Quelle: Eigenaufnahme Sandra Gauer)

---

1   Z. B. Ashkanasy, N. M., Ayoko, O. B., & Jehn, K. A. Understanding the physical environment of work and employee behavior: An affective events perspective. Journal of Organizational Behavior. 2014; 35(8):1169–1184.

2   Z. B. Maslow, A. H., & Mintz, N. L. Effects of Esthetic Surroundings: I. Initial Effects of Three Esthetic Conditions Upon Perceiving "Energy" and "Well-Being" in Faces, The Journal of Psychology. 1956; 41(2): 247–254.

Da mein Fokus in diesem Buch auf der Führung in neuen Arbeitswelten liegt und nicht auf Future Skills im Allgemeinen, hat auch meine Herangehensweise, wie wir diese Fähigkeiten, diese Zukunftskompetenzen, vermitteln, einen direkten Bezug zur Arbeitswelt. Ich betrachte den Raum als Pädagogen, Leistungsverstärker und Gesundheitsmanager. Die Führungskraft sehe ich als aktiven Akteur und Unterstützer, um den Weg zu ebnen und auch aktiv zu leben.

Lassen Sie uns weiterhin die Thematik der Future Skills beleuchten, da sie eine entscheidende Rolle für die Gestaltung neuer Arbeitswelten spielen. Es besteht hier ein beträchtlicher Handlungsbedarf. Es wäre nicht möglich, alle Future Skills detailliert zu behandeln, ohne den Rahmen dieses Buches zu sprengen. Daher werde ich mich auf die Fähigkeiten konzentrieren, die derzeit den größten Einfluss haben und potenziell den größten Schaden verursachen können, wenn sie vernachlässigt werden. Diese selektive Fokussierung ermöglicht es uns, tiefere Einblicke in die kritischsten Bereiche zu gewähren und konkrete Strategien zu entwickeln, um diese Herausforderungen effektiv anzugehen. Durch diese Herangehensweise können wir sicherstellen, dass wir nicht nur auf akute Probleme reagieren, sondern auch präventive Maßnahmen ergreifen, um die Resilienz und Anpassungsfähigkeit unserer Arbeitskräfte in einer sich schnell verändernden Welt zu stärken.

Es geht um die Kompetenzen Resilienz und Stress-Toleranz (Abb. 13.3).

Sie fragen sich vielleicht jetzt: Verursachen Arbeitswelten gesundheitliche Probleme? Ja, das können sie, da sie stark auf unsere Gesundheit und unser Wohlbefinden einwirken (Colenberg et al., 2021; De Croon et al., 2005)! Momentan erleben wir eine Zeit, in der die Anforderungen an Produktivität, Flexibilität und Leistungsfähigkeit stetig steigen und sich Arbeitnehmende zunehmend emotional erschöpft fühlen (Ulshöfer & Jensen, 2022). Das stellt immer mehr Führungskräfte vor enorme Herausforderungen. Hinzu kommen die lokalen und globalen Unsicherheiten unserer Zeit, die unser menschliches Fundament tief erschüttern. Gerade in solch instabilen Zeiten benötigen wir zusätzliche Sicherheit und Beständigkeit in unserem

Resilienz
Stress Toleranz

▼

1) Jeder dritte Erwerbstätige fühlt sich mittlerweile emotional erschöpft
2) 50% der Arbeitsunfähigkeit sind arbeitsplatzbezogen
3) Psychische Krankheiten sind ein starker Treiber für Arbeitsunfähigkeit

ES IST TEUER

▼

1) 6,5 Mrd CHF in der Schweiz
2) 42,2 Mrd Euro in Deutschland

◻ **Abb. 13.3** Gesundheitliche Entwicklungen in der Arbeitswelt basieren auf den Ergebnissen der im Text erwähnten Studien des Job stress Index und der SWICA-Studie. Resilienz und Stresstoleranz sind zentrale Begriffe im Umgang mit dieser Thematik (Gauer Consulting), (Quelle: Eigene Darstellung)

Berufsleben. Doch für Führungskräfte wird es immer herausfordernder, diese stabilisierende Rolle einzunehmen und ein konstanter Bezugspunkt für ihr Team zu sein.

Oft müssen sie und andere Teammitglieder die Arbeit von Kollegen übernehmen und mit dem Problem kämpfen, dass auch die Arbeitsunfähigkeiten immer länger werden. Pensionierungen der Baby-Boomer-Generation und der zunehmende Wunsch vieler Mitarbeitenden nach Teilzeitarbeit verschärfen die Situation. Dies bedeutet konkret, dass mit weniger Personal mehr erreicht werden muss, und dabei sollen die Mitarbeitenden motiviert bleiben und die Führungskraft soll unbedingt weiterhin der stabile Ankerpunkt sein. Mit konventionellen Ressourcen und Ansätzen von Unternehmen scheint dies kaum umsetzbar.

Die Konsequenz sind weiterhin ansteigende Zahlen von Arbeitsausfällen aufgrund psychischer Erkrankungen. Diese stressbedingten Arbeitsplatzfaktoren beeinträchtigen nicht nur das emotionale Wohlergehen und die Gesundheit der Arbeitnehmenden, sondern reduzieren auch deren Leistungsfähigkeit. Die dadurch entstehenden Produktivitätseinbussen verursachen nicht nur erhebliche Kosten für Unternehmen, sondern belasten auch die öffentlichen Haushalte. Diese gravierenden Konsequenzen reflektieren sich auch im Job-Stress-Index (2022) und der Studie der Krankenversicherung SWICA, von welchen ein Auszug der Ergebnisse in ◻ Abb. 13.2 dargestellt und in Relation mit Resilienz und Stresstoleranz gebracht wird (Galliker et al., 2022; SWICA & WorkMed, 2022).

Die Belastungen für die betroffenen Menschen selbst sind dabei noch gar nicht berücksichtigt. Es handelt sich um eine Abwärtsspirale, die dringend gestoppt werden muss. Deshalb möchte ich als Expertin meinen Beitrag dazu leisten, Führungskräfte widerstandsfähiger für die Zukunft zu machen und diese Kompetenz unter anderem durch den Raum aktiv zu fördern. Räume können durch architekturpsychologische Ansätze eine wichtige Rolle im Gesundheitsmanagement spielen. Gleichzeitig sind Führungskräfte entscheidend, um gesunde Arbeitsumgebungen zu gestalten und Strukturen zu schaffen. Diese Strukturen sollten es den Mitarbeitenden erlauben, aktuelle gesellschaftliche Lebensentwürfe in ihren Arbeitsalltag zu integrieren.

Daher haben wir auf beiden Seiten einen aktiven Gestaltungsspielraum, der auch als solcher begriffen werden muss. Denn die Stärke eines Teams misst sich an seinem schwächsten Glied. Alle müssen aufeinander Acht geben, denn jeder – auch die Führungskraft – kann einmal das schwächste Glied sein. Dessen müssen wir uns bewusst sein.

In der nachfolgenden Grafik (◻ Abb. 13.4) habe ich die Kernelemente und deren übergeordneten Themenbereiche dargestellt. Um passende Arbeitsumgebungen für Unternehmen zu gestalten, müssen wir dazugehörige zentrale Fragen klären und den Mut haben, uns damit intensiv auseinanderzusetzen.

Das Zusammenspiel von verschiedenen Disziplinen und der cross-disziplinäre Ansatz kreieren eine neue Arbeitswelt, die auf die Bedürfnisse der Mitarbeitenden ausgelegt ist (◻ Abb. 13.5). Aber auch hier ist es wichtig, den Menschen in die zentrale Betrachtung zu integrieren und die Interaktion zum Raum, zur Firma und zur Umwelt zu erkennen.

Arbeitswelten werden immer einen massgeblichen Einfluss auf unser Erleben und Verhalten haben, weil sie ein wesentlicher Teil unseres Lebens sind. Darauf müssen wir Rücksicht nehmen.

■ **Abb. 13.4** Die zahlreichen Funktionsbereiche des Raumes zeigen auf, dass der Raum für verschiedenste Themenbereiche instrumentalisiert werden kann. Dadurch kann der Raum unter anderem die Gesundheit direkt oder indirekt durch die Förderung von Kompetenzen von Mitarbeitenden positiv beeinflussen (Gauer Consulting), (Quelle: Eigene Darstellung)

01 **DER MENSCH IM ZENTRUM**
Zentrale Fragestellungen
Wie funktioniert der Mensch?
Welches Menschenbild ist unsere Basis?

02 **DER RAUM ALS PÄDAGOGE**
Zentrale Fragestellungen
Wie wirken Räume auf unser Erleben und Verhalten?
Wie kann der Raum Lernen unterstützen?

03 **DER RAUM ALS GESUNDHEITSMANAGER**
Zentrale Fragestellungen
Kann Architektur heilen?
Können Arbeitswelten zur Gesundheit beitragen?

04 **DIE ARBEITSWELT ALS KULTURSTÄTTE**
Zentrale Fragestellungen
Warum kommen Menschen ins Büro?
Was sagt das Office über uns aus?

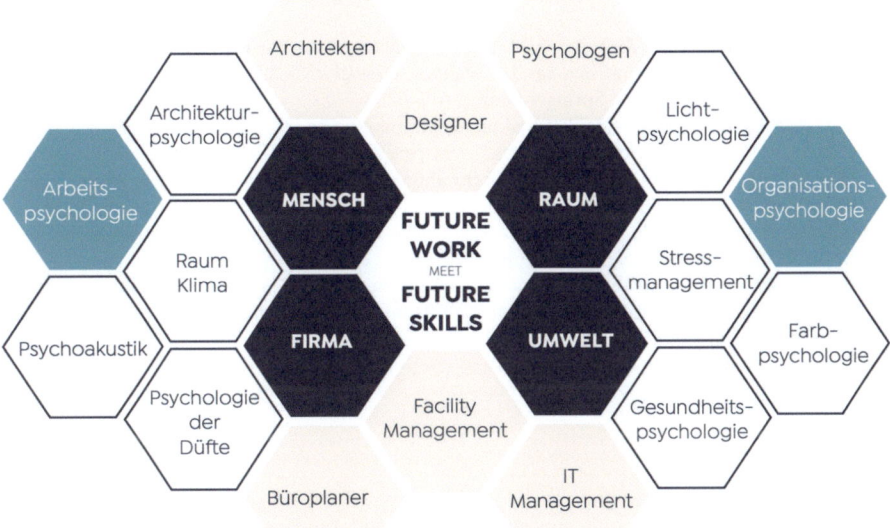

■ **Abb. 13.5** Nachhaltige und zukunftsfähige Arbeitswelten sind cross-disziplinär und müssen eine Vielfalt an Faktoren und deren Zusammenspiel berücksichtigen (Gauer Consulting), (Quelle: Eigene Darstellung)

Führungskräfte sind ein entscheidendes Element, wenn es darum geht, eine nachhaltige Lösung zu finden, die den Raum als Unterstützung begreift und fördert. Ihre Rolle ist wichtiger denn je, da sie ein zentrales Bindeglied darstellen. Mir ist auch die Verantwortung bewusst, die Führungskräfte dadurch haben, aber es ist eine unglaubliche Chance etwas wirklich Nachhaltiges in Gang zu setzen.

Sollte jemand dies nicht erkennen, so legen Sie der Person dieses Buch ans Herz!

Literatur

Ashkanasy, N. M., Ayoko, O. B., & Jehn, K. A. (2014). Understanding the physical environment of work and employee behavior: An affective events perspective. *Journal of Organizational Behavior, 35*(8), 1169–1184.

Colenberg, S., Jylhä, T., & Arkesteijn, M. (2021). The relationship between interior office space and employee health and well-being – a literature review. *Building Research & Information, 49*(3), 352–366.

Crummenerl, C., Paolini, S., Perronet, C., Lamothe, I., Ravindranath, S., Schastok, I., Buvat, J., Manchanda, N., Aggarwal, G., & Chakraborty, A. (2020). The future of work: From remote to hybrid. Capgemini Research Institute. Luettavissa: https://www.capgemini.com/fi-en/wp-content/uploads/sites/27/2020/12/Report-The-Future-of-Work.pdf. Luettu, 2. Zugegriffen am 21.12.2023.

De Croon, E., Sluiter, J., Kuijer, P. P., & Frings-Dresen, M. (2005). The effect of office concepts on worker health and performance: A systematic review of the literature. *Ergonomics, 48*(2), 119–134.

Galliker, S., Igic, I., Elfering, A. K., & Simmer, N. (2022). Job-Stress-Index 2022. Monitoring von Kennzahlen zum Stress bei Erwerbstätigen in der Schweiz. Gesundheitsförderung Schweiz.

Maslow, A. H., & Mintz, N. L. (1956). Effects of esthetic surroundings: I. Initial effects of three esthetic conditions upon perceiving "energy" and "well-being" in faces. *The Journal of Psychology, 41*(2), 247–254.

Schwarzmüller, T., Brosi, P., & Welpe, I. M. (2017). Führung 4.0 – Wie die Digitalisierung Führung verändert. *CSR und Digitalisierung: Der digitale Wandel als Chance und Herausforderung für Wirtschaft und Gesellschaft*, Springer Gabler. 617–628.

SWICA, & WorkMed. (2022). Krankschreibungen aus psychischen Gründen in der Schweiz: Hintergründe, Verläufe und Verfahren. https://139488181.fs1.hubspotusercontent-eu1.net/hubfs/139488181/LP_Pdfs/studie-krankschreibungen-zu-psychischen-grunden-WorkMed-dfi.pdf. Zugegriffen am 21.12.2023.

Ulshöfer, C., & Jensen, R. (2022). Job-Stress-Index 2022: Monitoring von Kennzahlen zum Stress bei Erwerbstätigen in der Schweiz (Faktenblatt 72).

Whiting, K. (2020). These are the top 10 job skills of tomorrow – and how long it takes to learn them. 21. https://www.weforum.org/agenda/2020/10/top-10-work-skills-of-tomorrow-how-long-it-takes-to-learn-them/. Zugegriffen am 21.12.2023.

13

Serviceteil

© Der/die Herausgeber bzw. der/die Autor(en), exklusiv lizenziert an Springer-Verlag GmbH, DE, ein Teil von Springer Nature 2024
S. Gauer, *Führen im Zeitalter neuer Arbeitswelten*, https://doi.org/10.1007/978-3-662-68538-9

Literaturangaben und Weiterführende Literatur

Abrell-Vogel, C., & Rowold, J. (2014). Leaders' commitment to change and their effectiveness in change – a multilevel investigation. *Journal of Organizational Change Management, 27*(6), 900–921.

Ahmad, H., Ahmad, K., & Shah, I. A. (2010). Relationship between job satisfaction, job performance attitude towards work and organizational commitment. *European Journal of Social Sciences, 18*(2), 257–267.

Allen, J., Jimmieson, N. L., Bordia, P., & Irmer, B. E. (2007). Uncertainty during organizational change: Managing perceptions through communication. *Journal of Change Management, 7*(2), 187–210.

Ashkanasy, N. M., Ayoko, O. B., & Jehn, K. A. (2014). Understanding the physical environment of work and employee behavior: An affective events perspective. *Journal of Organizational Behavior, 35*(8), 1169–1184.

Baard, P. P., Deci, E. L., & Ryan, R. M. (2004). Intrinsic need satisfaction: A motivational basis of performance and weil-being in two work settings 1. *Journal of Applied Social Psychology, 34*(10), 2045–2068.

Beaton, A., Cook, M., Kavanagh, M., & Herrington, C. (2000). The psychological impact of burglary. *Psychology, Crime & Law, 6*(1), 33–43.

Becker, C., Kratzer, N., & Lanfer, S. S. L. (2019). Neue Arbeitswelten: Wahrnehmung und Wirkung von Open-Space-Büros. *Arbeit, 28*(3), 263–284.

Beckwith, N. E., Kassarjian, H. H., & Lehmann, D. R. (1978). Halo effects in marketing research: Review and prognosis. *ACR North American Advances*, 465–467.

Bennet, A., & Bennet, D. (2004). *Organizational survival in the new world*. Routledge.

Bennet, A., & Bennet, D. (2008). The decision-making process in a complex situation. *Handbook on decision support systems 1: Basic themes*, Springer, 1–20.

Bernstein, E. S., & Turban, S. (2018). The impact of the 'open'workspace on human collaboration. *Philosophical Transactions of the Royal Society B: Biological Sciences, 373*(1753), 20170239.

Bernstein, E., & Waber, B. (o.J.). Steelcase. Changing expectations and the future of work – insights from the pandemic to create a better work experience. https://www.steelcase.com/content/uploads/2021/02/2021_AM_SC_Global-Report_Changing-Expectations-and-the-Future-of-Work-2.pdf. Zugegriffen am 21.12.2023.

Bernstein, E., & Waber, B. (2021). The truth about open offices. *Harvard Business Review, 97*(6). https://hbr.org/2019/11/the-truth-about-open-offices. Zugegriffen am 21.12.2023.

Block, J., Boeing, N., Briegleb, N., Dettling, D., Gatterer, H., Horx, T., Kibala, T., Pfurderer, N., Reichel, A., Schuldt, C., Tewes, S., & Wolf, M. (2022). Zukunftsreport 2023 (M. Horx, Hrsg.).

Bordia, P., Hunt, E., Paulsen, N., Tourish, D., & DiFonzo, N. (2004). Uncertainty during organizational change: Is it all about control? *European Journal of Work and Organizational Psychology, 13*(3), 345–365.

Boutellier, R., Ullman, F., Schreiber, J., & Naef, R. (2008). Impact of office layout on communication in a science-driven business. *R&D Management, 38*(4), 372–391.

Branson, C. M. (2008). Achieving organisational change through values alignment. *Journal of Educational Administration, 46*(3), 376–395.

Brill, M., Margulis, S., & Konar, E. (1985). Using office design to increase productivity. Workplace Design and Productivity.

Brown, B. B., & Harris, P. B. (1989). Residential burglary victimization: Reactions to the invasion of a primary territory. *Journal of Environmental Psychology, 9*(2), 119–132.

Burnes, B., & Jackson, P. (2011). Success and failure in organizational change: An exploration of the role of values. *Journal of Change Management, 11*(2), 133–162.

Cain, T. (2014). Emotion and value. *Philosophy Compass, 9*(19), 702–712.

Candido, C., Thomas, L., Haddad, S., Zhang, F., Mackey, M., & Ye, W. (2019). Designing activity-based workspaces: Satisfaction, productivity and physical activity. *Building Research & Information, 47*(3), 275–289.

Chang, C.-Y., & Chen, P.-K. (2005). Human response to window views and indoor plants in the workplace. *HortScience, 40*(5), 1354–1359.

Charmandari, E., Tsigos, C., & Chrousos, G. (2005). Endocrinology of the stress response. *Annual Review of Physiology, 67,* 259–284.

Chen, C.-J., & Huang, J.-W. (2007). How organizational climate and structure affect knowledge management – The social interaction perspective. *International Journal of Information Management, 27*(2), 104–118.

Chernev, A., Böckenholt, U., & Goodman, J. (2015). Choice overload: A conceptual review and meta-analysis. *Journal of Consumer Psychology, 25*(2), 333–358.

Chesbrough, H. (2017). The future of open innovation: The future of open innovation is more extensive, more collaborative, and more engaged with a wider variety of participants. *Research-Technology Management, 60*(1), 35–38.

Chu, B., Marwaha, K., Sanvictores, T., & Ayers, D. (2021). Physiology, stress reaction. In *StatPearls* [Internet]. StatPearls Publishing.

Colenberg, S., Jylhä, T., & Arkesteijn, M. (2021). The relationship between interior office space and employee health and well-being – a literature review. *Building Research & Information, 49*(3), 352–366.

Crummenerl, C., Paolini, S., Perronet, C., Lamothe, I., Ravindranath, S., Schastok, I., Buvat, J., Manchanda, N., Aggarwal, G., & Chakraborty, A. (2020). The future of work: From remote to hybrid. Capgemini Research Institute. Luettavissa: https://www.capgemini.com/fi-en/wp-content/uploads/sites/27/2020/12/Report-The-Future-of-Work.pdf. Luettu, 2. Zugegriffen am 21.12.2023.

DAK. (2023). Psychreport 2023. Entwicklungen der psychischen Erkrankungen im Job: 2012-2022. https://caas.content.dak.de/caas/v1/media/32628/data/3983614e98a936fe7d7dd70f3dac2e73/dak-psychreport-ergebnis-praesentation.pdf. Zugegriffen am 21.12.2023.

De Croon, E., Sluiter, J., Kuijer, P. P., & Frings-Dresen, M. (2005). The effect of office concepts on worker health and performance: A systematic review of the literature. *Ergonomics, 48*(2), 119–134.

Dediu, D., & Levinson, S. C. (2013). On the antiquity of language: The reinterpretation of Neandertal linguistic capacities and its consequences. *Frontiers in Psychology, 4,* 397.

DiFonzo, N., & Bordia, P. (1998). A tale of two corporations: Managing uncertainty during organizational change. *Human Resource Management, 37*(3-4), 295–303.

Dionne, S. D., Yammarino, F. J., Atwater, L. E., & Spangler, W. D. (2004). Transformational leadership and team performance. *Journal of Organizational Change Management, 17*(2), 177–193.

Dirks, K. T., & Ferrin, D. L. (2002). Trust in leadership: Meta-analytic findings and implications for research and practice. *Journal of Applied Psychology, 87*(4), 611–628.

Dul, J., Ceylan, C., & Jaspers, F. (2011). Knowledge workers' creativity and the role of the physical work environment. *Human Resource Management, 50*(6), 715–734.

Ehrentraut, O. (2015). Arbeitslandschaft 2040. Prognos AG. https://www.prognos.com/sites/default/files/2021-01/20150521_prognos_arbeitslandschaft2040-final.pdf. Zugegriffen am 21.12.2023.

Ellingsen, T., & Johannesson, M. (2007). Paying respect. *Journal of Economic Perspectives, 21*(4), 135–149.

Entringer, T. (2022). Epidemiologie von Einsamkeit in Deutschland. Institut für Sozialarbeit und Sozialpädagogik eV Kompetenznetz Einsamkeit.

Epel, E., Lapidus, R., McEwen, B., & Brownell, K. (2001). Stress may add bite to appetite in women: A laboratory study of stress-induced cortisol and eating behavior. *Psychoneuroendocrinology, 26*(1), 37–49.

Evangelischer Fachverband für Arbeit und soziale Integration (Hrsg.). (o.J.). Handout Grundlagen Konfliktbearbeitung & Konfliktmanagement. https://www.efas-web.de/files/teges/Teges_Handout_Konflikt_FINAL_SCREEN.pdf. Zugegriffen am 21.12.2023.

Finegan, J. E. (2000). The impact of person and organizational values on organizational commitment. *Journal of Occupational and Organizational Psychology, 73*(2), 149–169.

Foland, S., Rowlen, S., & Watson, S. (1995). Team space and empowerment: A formula for success. *World Workplace, 95.*

Frankl, V. E. (1975). In V. E. Frankl (Hrsg.), *Der Wille zum Sinn* (Bd. 4). Verlag Hans Huber.

Frontczak, M., & Wargocki, P. (2011). Literature survey on how different factors influence human comfort in indoor environments. *Building and Environment, 46*(4), 922–937.

Galliker, S., Igic, I., Elfering, A. & K., & Simmer, N. (2022). Job-Stress-Index 2022. Monitoring von Kennzahlen zum Stress bei Erwerbstätigen in der Schweiz. Gesundheitsförderung Schweiz.

Gardner, W. L., Cogliser, C. C., Davis, K. M., & Dickens, M. P. (2011). Authentic leadership: A review of the literature and research agenda. *The Leadership Quarterly, 22*(6), 1120–1145.

George, J. M. (2000). Emotions and leadership: The role of emotional intelligence. *Human Relations, 53*(8), 1027–1055.

Gill, R. (2002). Change management – Or change leadership? *Journal of Change Management, 3*(4), 307–318.

Gimpel, H., Lanzl, J., Regal, C., Urbach, N., Wischniewski, S., Tegtmeier, P., Kreilos, M., Kühlmann, T. M., Becker, J., & Eimecke, J. (2019). Gesund digital arbeiten?!: Eine Studie zu digitalem Stress in Deutschland.

Goodman, J., & Truss, C. (2004). The medium and the message: Communicating effectively during a major change initiative. *Journal of Change Management, 4*(3), 217–228.

Haans, A., Kaiser, F. G., & de Kort, Y. A. (2007). Privacy needs in office environments: Development of two behavior-based scales. *European Psychologist, 12*(2), 93–102.

Hackl, B., Wagner, M., Attmer, L., Baumann, D., Hackl, B., Wagner, M., Attmer, L., & Baumann, D. (2017). *New Work: Auf dem Weg zur neuen Arbeitswelt: Management-Impulse* (S. 161–220). Praxisbeispiele.

Haner, U., & Wackernagel, S. (2018). Kurzbericht zur Studie „Wirksame Büro-und Arbeitswelten" – Ausgewählte Erfolgsfaktoren für eine wirksame Gestaltung von Büro-und Arbeitswelten. Stuttgart: Fraunhofer IAO. https://publica.fraunhofer.de/eprints/urn_nbn_de_0011-n-4941837. pdf. Zugegriffen am 21.12.2023.

Hartog, L., Weijs-Perrée, M., & Appel-Meulenbroek, R. (2018). The influence of personality on user satisfaction: Multi-tenant offices. *Building Research & Information, 46*(4), 402–416.

Hassan, A. (2007). Human resource development and organizational values. *Journal of European Industrial Training, 31*(6), 435–448.

Hawkley, L. C., & Cacioppo, J. T. (2010). Loneliness matters: A theoretical and empirical review of consequences and mechanisms. *Annals of Behavioral Medicine, 40*(2), 218–227.

Hedge, A. (2000). Where are we in understanding the effects of where we are? *Ergonomics, 43*(7), 1019–1029.

Hua, Y., Loftness, V., Heerwagen, J. H., & Powell, K. M. (2011). Relationship between workplace spatial settings and occupant-perceived support for collaboration. *Environment and Behavior, 43*(6), 807–826.

Humphrey, R. H. (2002). The many faces of emotional leadership. *The Leadership Quarterly, 13*(5), 493–504.

INRIX. (2022). INRIX 2022 Global Traffic Scorecard. https://inrix.com/scorecard/#city-ranking-list. Zugegriffen am 21.12.2023.

Jacobs, G., Van Witteloostuijn, A., & Christe-Zeyse, J. (2013). A theoretical framework of organizational change. *Journal of Organizational Change Management, 26*(5), 772–792.

Judge, T. A., Thoresen, C. J., Bono, J. E., & Patton, G. K. (2001). The job satisfaction – job performance relationship: A qualitative and quantitative review. *Psychological Bulletin, 127*(3), 376.

Jurecic, M. (2020). Gut zu wissen: Die Wirkung von Büroumgebungen auf unterschiedliche Arbeitstypen. Zukunft der Arbeit – Perspektive Mensch: Aktuelle Forschungserkenntnisse und Good Practices, 331–340.

Kautiainen, S., Koivusilta, L., Lintonen, T., Virtanen, S. M., & Rimpelä, A. (2005). Use of information and communication technology and prevalence of overweight and obesity among adolescents. *International Journal of Obesity, 29*(8), 925–933.

Kee, J. E., & Newcomer, K. E. (2008). Why do change efforts fail? *Public Manager, 37*(3), 5.

Kim, J., & De Dear, R. (2013). Workspace satisfaction: The privacy-communication trade-off in open-plan offices. *Journal of Environmental Psychology, 36*, 18–26.

Klohnen, E. C. (1996). Conceptual analysis and measurement of the construct of ego-resiliency. *Journal of Personality and Social Psychology, 70*(5), 1067–1079.

Knight, C., Olaru, D., Lee, J., & Parker, S. (2022). The loneliness of the hybrid worker. *MIT Sloan Management Review.*

Koneberg, F., Lehr, J., Seyda, S., & Werner, D. (2022). Herausforderungen und Chancen hybrider Arbeit (Kompetenzzentrum Fachkräftesicherung (KOFA). https://www.kofa.de/daten-und-fakten/studien/herausforderungen-und-chancen-hybrider-arbeit/. Zugegriffen am 21.12.2023.

Küller, R., Mikellides, B., & Janssens, J. (2009). Color, arousal, and performance – A comparison of three experiments. Color Research & Application: Endorsed by Inter-Society Color Council, The Colour Group (Great Britain), Canadian Society for Color, Color Science Association of Japan, Dutch Society for the Study of Color, The Swedish Colour Centre Foundation. *Colour Society of Australia, Centre Français de la Couleur, 34*(2), 141–152.

Kunze, F., & Zimmermann, S. (2022). Die Transformation zu einer hybriden Arbeitswelt: Ergebnisbericht zur Konstanzer Homeoffice Studie 2020-2022. Kunze, F., & Zimmermann, S. Die Transformation zu einer hybriden Arbeitswelt: Ergebnisbericht zur Kon-stanzer Homeoffice Studie 2020-2022. 2022b. Verfügbar unter: http://nbn-resolving.de/urn:nbn:de:bsz:352-2-ai5pzcioansj3. Zugegriffen am 21.12.2023.

Lai, L. W., Chau, K., Davies, S. N., & Kwan, L. M. (2021). Open space office: A review of the literature and Hong Kong case studies. *Work, 68*(3), 749–758.

Lamothe, I., Duruflé, B. T., & Kirstein-Bandmierowski, M. (2021). Trust at the heart of hybrid working. Capgemini. https://www.capgemini.com/insights/expert-perspectives/trust-at-the-heart-of-hybrid-working/

Langer, E. J., Blank, A., & Chanowitz, B. (1978). The mindlessness of ostensibly thoughtful action: The role of „placebic" information in interpersonal interaction. *Journal of Personality and Social Psychology, 36*(6), 635. Zugegriffen am 21.12.2023.

Lazarus, R. S., & Folkman, S. (1984). *Stress, appraisal, and coping.* Springer publishing company.

LeBlanc, V. R. (2009). The effects of acute stress on performance: Implications for health professions education. *Academic Medicine, 84*(10), S25–S33.

Lévi-Strauss, C. (1967). Strukturale Anthropologie, aus dem Französischen v. H. Naumann. Suhrkamp.

Lindberg, C. M., Tran, D. T., & Banasiak, M. A. (2016). Individual differences in the office: Personality factors and work-space enclosure. *Journal of Architectural and Planning Research*, 105–120.

Lu, J. G., Akinola, M., & Mason, M. F. (2017). "Switching On" creativity: Task switching can increase creativity by reducing cognitive fixation. *Organizational Behavior and Human Decision Processes, 139*, 63–75.

Macintyre, S., Ellaway, A., & Cummins, S. (2002). Place effects on health: How can we conceptualise, operationalise and measure them? *Social Science & Medicine, 55*(1), 125–139.

Maidani, E. A. (1991). Comparative study of Herzberg's two-factor theory of job satisfaction among public and private sectors. *Public Personnel Management, 20*(4), 441–448.

Mandela, N. (2013). *Meine Waffe ist das Wort: Mit einem Vorwort von Desmond Tutu.* Kösel-Verlag.

Maslow, A. H., & Mintz, N. L. (1956). Effects of esthetic surroundings: I. Initial effects of three esthetic conditions upon perceiving "energy" and "well-being" in faces. *The Journal of Psychology, 41*(2), 247–254.

Mayer, J. D., Salovey, P., & Caruso, D. R. (2004). Emotional intelligence: Theory, findings, and implications. *Psychological Inquiry, 15*(3), 197–215.

Metaj, R. (2019). Architekturpsychologie, Einfluss auf die Arbeit im Büro. Lehrbuchverlag.

Microsoft Corporation. (2021). The next great disruption is hybrid work: Are we ready? https://www.microsoft.com/en-us/worklab/work-trend-index/hybrid-work. Zugegriffen am 21.12.2023.

Mohammadi, R. (2011). Occupational stress and organizational performance, case study: Iran. *Procedia-Social and Behavioral Sciences, 30*, 390–394.

Moran, J. W., & Brightman, B. K. (2000). Leading organizational change. *Journal of Workplace Learning, 12*(2), 66–74.

Morrison, R. L., & Smollan, R. K. (2020). Open plan office space? If you're going to do it, do it right: A fourteen-month longitudinal case study. *Applied Ergonomics, 82*, 102933.

Morrow, P. C., McElroy, J. C., & Scheibe, K. P. (2012). Influencing organizational commitment through office redesign. *Journal of Vocational Behavior, 81*(1), 99–111.

Murthy, V. H. (2020). *Together: The healing power of human connection in a sometimes lonely World.* Harper Wave.

Ng, T. W. (2016). Embedding employees early on: The importance of workplace respect. *Personnel Psychology, 69*(3), 599–633.

Paradise, C., Hynes, R., Proulx, M., de Sousa, A., Jicol, C., & Esenkaya, T. (2018). The psychology of workplace design. *Conscious Cities Journal, 5.*

Pelz, W. (2016). Transformationale Führung – Forschungsstand und Umsetzung in der Praxis. Wirksame und nachhaltige Führungsansätze: System, Beziehung, Haltung und Individualität, 93–112.

Pelz, W. (2022). Transformationale Führung: Vorteile und Bedeutung (neue Studie). https://www.transformationale-fuehrung.com/index.html. Zugegriffen am 21.12.2023.

Peterson, J. B. (1999). *Maps of meaning: The architecture of belief precis.* Psycoloquy.

Peus, C., Frey, D., Gerkhardt, M., Fischer, P., & Traut-Mattausch, E. (2009). Leading and managing organizational change initiatives. *management revue*, 158–175.

Pfaff, H. (2013). Optionsstress und Zeitdruck. Immer schneller, immer mehr: Psychische Belastung bei Wissens-und Dienstleistungsarbeit, 113–143.

Phan, V., & Beck, J. W. (2023). Why do people (not) take breaks? An investigation of individuals' reasons for taking and for not taking breaks at work. *Journal of Business and Psychology, 38*(2), 259–282.

Pinos, V., Twigg, N. W., Parayitam, S., & Olson, B. J. (2006). Leadership in the 21st century: The effect of emotional intelligence. *Academy of Strategic Management Journal, 5*, 61–74.

Proulx, M. J., Todorov, O. S., Taylor Aiken, A., & de Sousa, A. A. (2016). Where am I? Who am I? The relation between spatial cognition, social cognition and individual differences in the built environment. *Frontiers in Psychology, 7*, 64.

Rapisarda, B. A. (2002). The impact of emotional intelligence on work team cohesiveness and performance. *The International Journal of Organizational Analysis, 10*(4), 363–379.

Reichhart, T., & Pusch, C. (2023). Wie der Mensch und sein Gehirn funktionieren. In *Resilienz-Coaching: Ein Praxismanual zur Unterstützung von Menschen in herausfordernden Zeiten.* Springer.

Rodrigues, S. M., LeDoux, J. E., & Sapolsky, R. M. (2009). The influence of stress hormones on fear circuitry. *Annual Review Of Neuroscience, 32*, 289–313.

Rolfö, L. V. (2018). Relocation to an activity-based flexible office – Design processes and outcomes. *Applied Ergonomics, 73*, 141–150.

Sagie, A., Elizur, D., & Koslowsky, M. (1990). Effect of participation in strategic and tactical decisions on acceptance of planned change. *The Journal of Social Psychology, 130*(4), 459–465.

Sanchez, J. A., Ikaga, T., & Sanchez, S. V. (2018). Quantitative improvement in workplace performance through biophilic design: A pilot experiment case study. *Energy and Buildings, 177*, 316–328.

Schaufeli, W. B., & Bakker, A. B. (2004). Job demands, job resources, and their relationship with burnout and engagement: A multi-sample study. *Journal of Organizational Behavior, 25*(3), 293–315.

Schein, E. H. (2010). *Organizational culture and leadership* (Bd. 2). John Wiley & Sons.

Schwarzmüller, T., Brosi, P., & Welpe, I. M. (2017). Führung 4.0 – Wie die Digitalisierung Führung verändert. CSR und Digitalisierung: Der digitale Wandel als Chance und Herausforderung für Wirtschaft und Gesellschaft, 617–628.

Selye, H. (1976). *Stress in health and disease.* Butter worths's.

Selye, H. (1978). *The stress of life*, rev. McGraw Hill.

Smollan, R. K., & Sayers, J. G. (2009). Organizational culture, change and emotions: A qualitative study. *Journal of Change Management, 9*(4), 435–457.

Spitz, R. A., & Cobliner, G. (1969). Vom Säugling zum Kleinkind: Naturgeschichte der Mutter-Kind-Beziehungen im ersten Lebensjahr.

Starker, V., Roos, K., Bracht, E. M., & Graudenz, D. (2022). Kosten von Arbeitsunterbrechungen für deutsche Unternehmen. Auswirkungen von Fragmentierung auf Produktivität und Stressentwicklung.

Steelcase Inc. (2022). Das neue Zeitalter der hybriden Arbeit. Was die Angestellten jetzt brauchen – Wie Gemeinschaft am Ar-beitsplatz entsteht (Global Report). https://www.steelcase.com/content/uploads/sites/2/2022/08/2022_SC_GlobalReport_EMEA-DE.pdf. Zugegriffen am 21.12.2023.

Stocker, D., Jäggi, J., Liechti, L., Schläpfer, D., Németh, P., & Künzi, K. (2020). Der Einfluss der COVID-19-Pandemie auf die psychische Gesundheit der Schweizer Bevölkerung und die psychiatrisch-psychotherapeutische Versorgung in der Schweiz. *Erster Teilbericht*, 2.

Sugiyama, T., Hadgraft, N., Clark, B. K., Dunstan, D. W., Chevez, A., Healy, G. N., Cerin, E., La-Montagne, A. D., Shibata, A., & Oka, K. (2021). Office spatial design attributes, sitting, and face-to-face interactions: Systematic review and research agenda. *Building and Environment, 187*, 107426.

SWICA, & WorkMed. (2022). Krankschreibungen aus psychischen Gründen in der Schweiz: Hintergründe, Verläufe und Verfahren. https://139488181.fs1.hubspotusercontent-eu1.net/hubfs/139488181/LP_Pdfs/studie-krankschreibungen-zu-psychischen-grunden-WorkMed-dfi.pdf. Zugegriffen am 21.12.2023.

Tarafdar, M., Maier, C., Laumer, S., & Weitzel, T. (2020). Explaining the link between technostress and technology addiction for social networking sites: A study of distraction as a coping behavior. *Information Systems Journal, 30*(1), 96–124.

Thorndike, E. L. (1920). A constant error in psychological ratings. *Journal of Applied Psychology, 4*(1), 25–29.

Ulshöfer, C., & Jensen, R. (2022). Job-Stress-Index 2022: Monitoring von Kennzahlen zum Stress bei Erwerbstätigen in der Schweiz (Faktenblatt 72).

UVG Unfallversicherung. (2022). Koordinationsgruppe für die Statistik der Unfallversicherung UVG (KSUV) c/o SUVA.

Vandelanotte, C., Sugiyama, T., Gardiner, P., & Owen, N. (2009). Associations of leisure-time internet and computer use with overweight and obesity, physical activity and sedentary behaviors: Cross-sectional study. *Journal of medical Internet research, 11*(3), e1084.

Vos, P., & Van der Voordt, T. (2002). Tomorrow's offices through today's eyes: Effects of innovation in the working environment. *Journal of Corporate Real Estate, 4*(1), 48–65.

Walsh, J. P., Lee, Y.-N., & Nagaoka, S. (2016). Openness and innovation in the US: Collaboration form, idea generation and implementation. *Research Policy, 45*(8), 1660–1671.

Wang, G., Oh, I.-S., Courtright, S. H., & Colbert, A. E. (2011). Transformational leadership and performance across criteria and levels: A meta-analytic review of 25 years of research. *Group & organization management, 36*(2), 223–270.

Ward, A. F., Duke, K., Gneezy, A., & Bos, M. W. (2017). Brain drain: The mere presence of one's own smartphone reduces available cognitive capacity. *Journal of the Association for Consumer Research, 2*(2), 140–154.

Watzlawick, P., Beavin, J. H., & Jackson, D. D. (1969). *Menschliche Kommunikation. Been und Stuttgart, 2*(24), 53.

Weber, C. (2019). Privacy fit in open-plan offices: Its appraisal, associated outcomes & contextual factors.

Weber, C., Bébié-Gut, P., Riebli, A., & Windlinger, L. (2022). Eine explorative Untersuchung der Einflüsse von ABW-Büromerkmalen auf die Wahrnehmung der Organisationskultur. *Gruppe. Interaktion. Organisation. Zeitschrift für Angewandte Organisationspsychologie (GIO), 53*(2), 161–172.

Whiting, K. (2020). These are the top 10 job skills of tomorrow – and how long it takes to learn them. 21. https://www.weforum.org/agenda/2020/10/top-10-work-skills-of-tomorrow-how-long-it-takes-to-learn-them/. Zugegriffen am 21.12.2023.

Williams, S. L. (2002). Strategic planning and organizational values: Links to alignment. *Human Resource Development International, 5*(2), 217–233.

Wills, T. A., Sandy, J. M., & Yaeger, A. M. (2002). Stress and smoking in adolescence: A test of directional hypotheses. *Health Psychology, 21*(2), 122.

Wohlers, C., & Hertel, G. (2017). Choosing where to work at work – towards a theoretical model of benefits and risks of activity-based flexible offices. *Ergonomics, 60*(4), 467–486.

Wörwag, S., & Cloots, A. (2020). *Zukunft der Arbeit – Perspektive Mensch*. Springer.

Yang, L., Holtz, D., Jaffe, S., Suri, S., Sinha, S., Weston, J., Joyce, C., Shah, N., Sherman, K., & Hecht, B. (2022). The effects of remote work on collaboration among information workers. *Nature human behaviour, 6*(1), 43–54.

Zamani, Z., & Gum, D. (2019). Activity-based flexible office: Exploring the fit between physical environment qualities and user needs impacting satisfaction, communication, collaboration and productivity. *Journal of Corporate Real Estate, 21*(3), 234–253.

MIX
Papier aus verantwortungsvollen Quellen
Paper from responsible sources
FSC® C105338

If you have any concerns about our products,
you can contact us on
ProductSafety@springernature.com

In case Publisher is established outside the EU,
the EU authorized representative is:
**Springer Nature Customer Service Center GmbH
Europaplatz 3, 69115 Heidelberg, Germany**

Printed by Libri Plureos GmbH
in Hamburg, Germany